AF079560

Textos inciertos

1

Jugando con el título que Max Aub colocó al frente de sus relatos reunidos —*Ciertos cuentos / cuentos ciertos*—, la colección *Textos inciertos* busca publicar aquellas prosas híbridas, composiciones agenéricas y formas informes de un tipo de obra imprecisa que, como los cuentos de Aub, desde una consideración tradicional de la narración caminen, sin embargo, en la apertura de la misma hacia la ruina de sus códigos, e inauguren con ello nuevos territorios liminares, espacios fronterizos, lugares carentes de certeza taxonómica, de nomenclatura estricta o de definiciones estables.

Juan Pablo Meneses

Hotel España

Iberoamericana - Vervuert - 2010

Reservados todos los derechos

© Juan Pablo Meneses
c/o Guillermo Schavelzon
Agencia Literaria
www.schavelzon.com

De esta edición:
© Iberoamericana, 2010
Amor de Dios, 1 - E-28014 Madrid
Tel.: +34 91 429 35 22 - Fax: +34 91 429 53 97

© Vervuert, 2010
Elisabethenstr. 3-9 - D-60594 Frankfurt am Main
Tel.: +49 69 597 46 17 - Fax: +49 69 597 87 43

Iberoamericana Vervuert Publishing Corp.
9040 Bay Hill Blvd. - Orlando, FL 32819 USA
Tel. +1 407 217 5534 - Fax: +1 407 217 5059

info@iberoamericanalibros.com
www.ibero-americana.net

ISBN 978-84-8489-560-2 (Iberoamericana)
ISBN 978-3-86527-607-0 (Vervuert)
Dep. Legal: M-47.589-2010

Diseño de la cubierta: Carlos Zamora

The paper on which this book is printed meets the requirements of ISO 9706

Impreso en España

Índice

VIVIR EN UN HOTEL 7

HOTEL ESPAÑA
Tacuarí 80, Buenos Aires, Argentina 9

HOTEL ESPAÑA
Teatinos 453, Santiago, Chile 71

HOTEL ESPAÑA
Carrera 7 N° 23-20, Bogotá, Colombia 135

HOTEL ESPAÑA
Avenida Puente de Alvarado 100, Colonia Tabacalera, D.F., México . . . 201

VIVIR EN LATINOAMÉRICA 247

Vivir en un hotel

En todas las grandes ciudades latinoamericanas hay un hotel que se llama España.
Hay mejores y peores España.
Si hubiera que trazar una ruta geográfica de este viaje, se podría decir que comienza en el Hotel España de Buenos Aires y termina en el Hotel España de Ciudad de México. El primero, porque es ahí donde viví —yendo y viniendo— durante tres años, y donde comencé a proyectar un recorrido por una América Latina repleta de hoteles España. Y el segundo, porque llegar al D.F. mexicano se fue transformando —durante la travesía— en el único final de un recorrido incierto.
Este libro es un viaje por el territorio de los hoteles España, mientras en muchos países se comienza a celebrar el Bicentenario de la Independencia. Paralelamente a que estén ocurriendo actos oficiales, fiestas, discursos, monumentos y buenos deseos por tantos años de independencia del reino, en esas mismas ciudades, como en el resto del continente, habrá alguien buscando un Hotel España: caminando al lado del carnaval, cargando la maleta en mitad de la fiesta, hasta dar con la dirección donde registrarse; anotando sus datos en la recepción, entre turistas de bajo presupuesto, inmigrantes, mochileros, traficantes de piratería, escritores, vendedores viajeros, divorciados, para luego subir al cuarto y tumbarse en la cama.

Si bien el lugar común dice que la vida siempre sigue, eso ocurre hasta que trasladas tu casa a un hotel: entonces el tiempo se detiene. Se frena, perdiendo su esencia lineal. Por lo mismo, este recorrido por Latinoamérica no es una travesía cronológica. Aquí las ciudades van salpicadas arbitrariamente, en traslados cortos e independientes que fueron realizados en distintas épocas y respondiendo a una única lógica: seguir el itinerario del periodismo portátil. Sin embargo, y por eso del tiempo detenido, estoy seguro de que todos pertenecen a un mismo y único viaje.

Solo me parece necesaria una última advertencia: todos los viajes y sucesos que vienen a continuación son totalmente reales, aunque vivir en un hotel para dedicarte a escribir historias pueda transformar tu vida en una vulgar ficción.

Hotel España

Tacuarí 80, Buenos Aires, Argentina

1

Me hablaron mucho de la Garganta. «Cuando llegues a la Garganta vas a recordar lo que te digo», me dijeron. Lo repitieron muchas veces, distintas personas y en distintas épocas. Lo recuerdo ahora que, después de un largo viaje por tierra, casi llego a la Garganta.

Son las nueve de la mañana en la terminal de autobuses de Puerto Iguazú. A esta misma hora, los modernos *pullman* que controlan los operadores turísticos de Buenos Aires ya están arriba de la carretera en dirección a las cataratas. Todos van al Parque Nacional más famoso de Argentina: grupos de la tercera edad europea, escolares de colegios argentinos, y los felices ganadores de un concurso turístico de una máquina de afeitar. Pero aquí, en un rodoviario con poca venta de pasajes y muchos puestos de artesanía, la mayoría viaja por su cuenta y más barato. El trayecto en el autobús público cuesta menos de un dólar, pero no somos más de diez las personas que esperamos. En general, quienes recorren Latinoamérica prefieren pagar cuarenta veces más pero sentirse seguros.

—Me vine de Málaga solo para ver las cataratas —comenta en voz alta Marcia, una arquitecta de España que lleva tres semanas cargando su mochila por Argentina y cuyo fin de viaje será precisamente aquí, donde se juntan el estado brasileño de Paraná con la provincia argentina de Misiones: el Parque Nacional Iguazú.

Un universitario francés comenta, medio en broma medio en serio, que está ansioso. Con un español aprendido en cuatro meses por Sudamérica, dice que Machu Picchu, las Torres del Paine y las cataratas de Iguazú eran sus obligaciones, y que ahora solo le queda conocer el sitio hacia donde vamos. Unos recién casados de Australia miran y vuelven a mirar las fotos de las cataratas que aparecen en su guía de viajes, como si no les bastara que la mitad de los almacenes de Puerto Iguazú tengan fotos y afiches del salto.

Aparece el autobús barato, y los pasajeros rápidamente nos dividimos en dos: cerca del chofer se sientan los turistas, y en las butacas traseras los empleados que van a trabajar en el parque. Dos bandos que apenas se miran, como si fueran irreconciliables. Instintivamente me siento en la mitad: muchas veces, como ahora, mi trabajo es ser turista.

A medida que el micro se adentra en el Parque Nacional Iguazú todo se pone verde, como en una postal monocromática. En una de las mayores reservas forestales de América del Sur, la vegetación es tan espesa que parece inventada para los veraneantes. Cuando finalmente llegamos a la puerta de ingreso, vemos estacionados los modernos *pullman* de los operadores turísticos. Son más de cincuenta, varios con el motor encendido para conservar el aire acondicionado: bienvenidos a la Reserva Natural.

Apenas pagamos la entrada al parque, el grupo de compañeros ocasionales se divide. Cada uno se va por su cuenta, aunque todas las indicaciones nos dirigen hacia el mismo lado: los saltos de agua. El primer recibimiento te lo da el estruendo gutural que proviene de las cascadas. Todavía no las ves, pero puedes escuchar claramente que están ahí. Una voz persistente que viene desde atrás de los matorrales, y tapa el sonido de las doscientas especies de aves que habitan este parque con más de un siglo de existencia. Fue en 1902 cuando Carlos Thays, un famoso arquitecto paisajista de origen francés, fue enviado por el gobierno argentino para trazar un plano de las entonces ya conocidas cataratas de Iguazú. El plan era proyectar las primeras obras que permitirían el acceso a los visitantes, y al parecer el objetivo de atraer turistas se ha cumplido de sobra: actualmente es el parque nacional que acumula más basura del país.

Si recorres el parque mirando hacia el cielo o a las ramas de los árboles más altos, es posible que divises algunos jotes de cabeza negra o un vencejo de cascada. Si miras con atención entre los matorrales, quizás llegues a ver moverse un mono en miniatura, un yacaré overo o un lobo gargantilla. Sin embargo, basta una simple y gruesa mirada, en la zona del patio de comidas, para que veas que dentro del parque también hay una pizzería, un restaurante con *buffet* libre, un mini *shopping* de artesanías, un locutorio telefónico y un centro de impresión y descarga de fotos.

Por momentos, con familias enteras caminando por entre los 275 saltos de hasta setenta metros de altura, uno siente que está en mitad de un Disney natural. Un parque donde un niño de cinco años puede jugar a mojarse con las gotas de una catarata, sin temor a que la vegetación lo devore, mientras todos hablan de la importancia de la Garganta.

—Somos quince catalanes que viajamos a conocer la Patagonia y las cataratas— me dice Vilma, recién jubilada como abogada de la Generalitat, en uno de los salones del Sheraton Iguazú. Al igual que ellos, esta noche me hospedo en el único hotel dentro del parque, un cinco estrellas de cadena internacional. La mayoría de los turistas proviene de distintas partes del (primer) mundo. Estoy trabajando como periodista de viajes, y la mujer que me sirve el café después de la comida es una de las que venía conmigo en el autobús de la mañana.

Mi habitación, como la mayoría de las de este hotel en mitad de la reserva, da a la cascada. Así que en la mañana, al despertar, basta levantar medio párpado para comprobar que allá al frente el agua sigue corriendo, eternamente, desde hace miles de años. Luego de un desayuno, me voy de excursión por el parque. Un pequeño tren, repleto de turistas, nos acerca al gran motivo del viaje.

Después de una caminata larga, finalmente llegamos a ella. Ahí está la Garganta del Diablo.

Cuando te paras al borde de la Garganta del Diablo, una mañana de sol y sientes el rocío en tu cara y el ruido, el ruido infernal del agua, el ruido fuerte más placentero que he escuchado en una vida plagada de ruidos fuertes, respiras hondo y te dan ganas de estirar los brazos. Estirarlos para sentir que puedes volar, que puedes llegar a todos los sitios que te han recomendado, que puedes sentirte libre y en contacto con la naturaleza. Estirar los brazos al máximo como parte de un premio, pero también, como parte de un modo de vida que buscaste y que sientes que estás cerca de lograr. Sin embargo, basta que intentes estirar los brazos, abrirlos como si fueran tus alas, para que te choques con más gente. Con muchos otros. Y entonces, todo se termina reduciendo a meter las manos en los bolsillos y mantenerte a raya. Porque sí, arriba de la Garganta del Diablo están todos. Los que vienen por el día y los que durmieron en el hotel cinco estrellas. Los del *tour* organizado y los del autobús barato. Los turistas de todo el mundo y los de toda Argentina. Compruebas, una vez más, que estás parado en un destino mundialmente famoso, donde todos se sacan fotos, y donde hay fotógrafos oficiales que cargan sus propias escaleras metálicas para una mejor panorámica de tu paso por este sitio. Entonces vuelves a la realidad, como todos los otros. En mi caso, esa realidad de que en unas horas debo regresar a casa, y que mi casa es el Hotel España de Buenos Aires. Ahí, donde muchas veces, asomado al balcón, había estirado los brazos creyendo que en cualquier momento podría volar.

* * *

Aunque estuviera en la Garganta del Diablo, no podía salir del Hotel España. Lo que había comenzado como una solución práctica, divertida y móvil, se había transformado en una historia circular infinita. Ahí estaba, otra vez, muchas veces volviendo a registrarme en el Hotel España de Buenos Aires. Pidiendo la habitación 54, o esperando un par de días en otra habitación hasta que se desocupara la mía, que no era mía. Me demoré mucho tiempo en entender que, como tantas cosas, el problema no era terminar viviendo en un hotel: lo grave era no poder dejar de vivir ahí.

Una de las cosas que cambian cuando uno lleva una temporada larga viviendo en ellos, es esa mirada romántica e idealizada de quienes viven en los hoteles. Solo después de un tiempo, con varias idas y vueltas, se comienza a descubrir que transformarlos en tu casa es parte de algo mayor, que no tiene vuelta. Una marca, una cicatriz. Es como ser inmigrante: aunque parezca que lo has superado, nunca se deja atrás.

—A mí me encantaría vivir en un hotel— me dijeron, muchas veces, durante todos estos años.

—¿Y por qué no lo haces? —les preguntaba siempre.

Recibí todo tipo de respuestas, más o menos sinceras, pero nadie me dijo: «Me da miedo que después no pueda salir». Si me lo hubieran advertido, lo habría tenido en cuenta, aunque no necesariamente habría prestado atención. Desde hace muchos años, antes siquiera de pensar en dedicarme a escribir y viajar, ya tenía idealizada la vida en los hoteles. Como una especie de célula dormida, dispuesta a activarse a la primera señal. Sin embargo, ahora que trato de salir del Hotel España y miro hacia atrás, recuerdo exactamente el día en que, por primera vez, descubrí que estaba en dificultades. Y que el problema se podía reducir a siete palabras: estaba encerrado en la vida de hotel.

El 15 de junio de 2005 caminé desde mi hotel por la avenida de Mayo, en dirección al Congreso. Crucé la avenida 9 de Julio, la más ancha del mundo según los argentinos. Pasé por afuera del Hotel Castelar, donde una placa recuerda que ahí vivió Federico García Lorca durante seis meses, en 1933. Llegué hasta el locutorio vecino al Castelar. Pedí «una máquina», como le dicen en Buenos Aires a los computadores de los cibercafés. Me dieron la 19, frente a las cabinas telefónicas. Abrí el *Word* y escribí una nueva versión de «Mi D.F. privado». Era un texto donde no hacía mención a mi vida de hotel, sino que hablaba de una ciudad que no conocía: Ciudad de México. Después entendería que conocer el D.F., y el Hotel España de Ciudad de México tenía que ver con mis ganas de abandonar la vida de hotel. Si termina mi proyecto de conocer los hoteles España, ya no tendría más sentido pensar en ellos.

Mi D.F. privado

Me presento por única vez: soy Juan Pablo Meneses y vivo en el D.F.

No, no es cierto... lo exacto es que soy Juan Pablo Meneses y vivo en el Hotel España de Buenos Aires, pero con el D.F.

A ver. El asunto es de esta manera. Desde hace mucho tiempo y de forma inexplicable, vivo con el D.F. en mi cabeza. No es una metáfora. Hablo, simplemente, de que vivo con el Distrito Federal de México en mi cabeza, todos los días, a cada hora, desde hace años. Nunca he ido al D.F. No conozco México. En esa ausencia, creo, está el principal germen del D.F. que me acompaña diariamente. Desde niño, creo que desde antes de pasarme tardes enteras en la vecindad en blanco y negro del chavito del 8. Desde mucho antes de saber que Pedro Páramo buscaba su pueblo perdido en el mero México, y de seguir los resultados del Necaxa, y de leer al Roberto Bolaño modelo D.F., y de enterarme de los millones y millones de billetes que mueven las telenovelas y el Canal de las Estrellas y las rancheras y el tequila y la lucha libre punto «mx». Mucho antes de casi todo lo mexicano que ha influido en Latinoamérica (bastante más que la España de Europa, algo menos que Estados Unidos), siempre y no sé por qué quise ir a México. Específicamente, ir al D.F.

«Son millones de millones de personas en las calles», «hay que ir armado hasta a la misa dominical», «los taxistas mexicanos son los más peligrosos del planeta», «a la policía le das un poco de dinero y puedes hacer lo que quieras», «los sindicatos son tan nacionalistas que no dejan que trabaje ningún extranjero», «la marihuana de allá no te hace ver uno, sino un camión lleno de indios mapaches», «ahí hacen fiesta para los muertos y veneran calaveras», «no te metas con los políticos que todos tienen matones», «si encuentras que este ají pica, espérate probar la comida en el D.F.», así, de a poco y con esas frases, con ese tipo de frases que me dejaron con la boca abierta desde que tengo memoria, fue que lentamente y desde hace muchos años se fue construyendo y levantando, con el abnegado trabajo de los albañiles de mi conciencia, el D.F. que habita en mi cabeza. Ese D.F. que, hoy en día, se ha convertido en la principal unidad de medida con que —puede sonar inexplicable—

me dedico a mirar el mundo. Todo, todo lo comparo con el D.F. El D.F. al que nunca he ido.

En Vietnam, mirando el desenfrenado tráfico en las calles de Ho Chi Minh City, pensaba en que era casi tan enloquecido como las calles del D.F. En Estados Unidos siempre veo tantos y tantos mexicanos juntos que, irremediablemente, la principal potencia económica del mundo me termina resultando cada día más parecida a mi D.F. En Buenos Aires, hace poco volvió a suceder: hubo un paro de los trabajadores del metro y el subterráneo de la ciudad estaba colapsado y la gente sudaba y se empujaban y yo veía a esa mujer semiinconsciente clamando la salvación divina y me daban ganas de decirle, «esto no es nada comparado con el D.F., señora». Ahora me dicen que en Chile descubrieron unos policías de tránsito sobornados: se nota que no conocen la «mordida» del D.F. Madrid dice que tiene contaminación: ¡ja ja ja ja!, váyanse a respirar al D.F.

Cuando comencé a escribir crónicas de viajes, pensé que había llegado la hora. Mal que mal, gracias a ser un niño que soñaba con ir al D.F. es que me gustan los viajes. Pero tampoco sucedió. He recorrido parte del mundo y acumulado pasaportes con timbres de los diferentes continentes, pero del timbre de los Estados Unidos Mexicanos, ni la sombra.

Hace un par de días he decidido, finalmente, que nunca jamás iré al México real. Es una promesa. Y pese a eso, la vida seguirá y seguiré teniendo noticias del D.F. porque escribo para diarios y revistas del D.F. y tengo buenos amigos del D.F. y, por supuesto, me deben dinero del D.F. y me han mentido del D.F. y me han ofrecido cosas que la gente del D.F. después no cumple. Aunque he decidido no ir, nunca jamás, cada vez que pueda volveré a escuchar feliz y atónito historias del D.F. Cada día, como hasta ahora, seguiré midiendo el resto del mundo a partir del D.F. de mi D.F. como el asaltante de revólver que corría ayer por Buenos Aires y pensé que parecía de Tepito, un barrio bravo del «defectuoso». Y cada vez que pueda, como siempre, volveré a recordar todo lo que me llevó a construir esa ciudad tan gigantesca y tan latinoamericana y tan agresiva en mi cabeza. Pero tomarme un avión y comenzar a caminar por ahí, nunca jamás. Ya no es necesario.

Al final de «Mi D.F. privado» mentí. Sabía que seguía siendo necesario viajar hasta ahí. Escribí «nunca jamás iré al México real», porque conocía la maldición del: «nunca digas nunca jamás». Si todo salía como dice la condena, gracias a decir «nunca jamás», por fin podría llegar a Ciudad de México.

Y en esa ciudad, conocería el Hotel España del D.F.

Y en el Hotel España del D.F. él último y el más lejano de los hoteles España de Latinoamérica, podía terminar el viaje. Llegué a convencerme de eso, aunque había comprobado que aun si me paraba en la Garganta del Diablo seguía dentro del hotel.

* * *

Siempre me han gustado los hoteles. Desde niño, en una época en que estar en un hotel todavía tenía cierta importancia. La primera vez que tengo clara consciencia de mi fascinación por los hoteles fue junto a mi padre y mis hermanos mayores. Los cuatro hombres de la casa, en un recorrido al sur de Chile.

Salvo para mi padre, que andaba en viaje de negocios, para nosotros era un viaje de vacaciones. Mis hermanos abrían mapas, organizaban rutas, preparaban excursiones para hacer cuando mi padre volviera de visitar a algún cliente. A mí, con menos de diez años, solo me importaba el hotel. De aquellas «vacaciones» no recuerdo otra cosa que el tiempo que pasé tomando ese desayuno llamado «Continental», lavándome las manos con los jabones en miniatura y los recorridos por el estacionamiento leyendo —en las matrículas de los autos— de qué otras partes venían los pasajeros. Me fascinaba lo extranjero, aunque por entonces no me daba cuenta de que era uno de ellos.

Recuerdo claramente la recepción, el enorme llavero de la habitación con cuatro camas y todo el tiempo que admiré a mi padre porque —lo creía en ese momento— se movía con tanta soltura dentro de los hoteles.

Ya no puedo hacer la suma de cuántos hoteles he conocido en mi vida. Una noche de insomnio traté de llevar el recuento, pero más como táctica somnífera que por un asunto estadístico. Un día cualquiera, que no recuerdo exactamente, perdí la cuenta.

Igual que con la lista de las veces que me subí a un avión, el listado de hoteles se esfumaba para siempre. Quisiera tener los datos de todos y cada uno de los hospedajes que siguieron a aquel viaje en que mi madre, no sé si porque quiso o porque no le quedó otra opción, se quedó en casa mientras nosotros nos íbamos de vacaciones / trabajo de hombres. He estado en los hoteles más simples y más rebuscados, en baratos y caros, acogedores y fríos. No obstante el largo recorrido que me hizo perder la cuenta, sigo conservando esa ingenua fascinación por ellos. Como si, pese a estar atrapado en uno, siguiera ilusionándome el próximo. No he podido transformarlos en un dato más de una travesía. Cada vez que me entero de que voy a viajar, me alegro porque estaré en un hotel. Tal como si volviera a casa.

Hay una cuenta de hoteles que sí conservo, porque es fácil de conservar. Me refiero al número de ellos donde he vivido: dos.

El primero fue en España, y el segundo fue uno de Latinoamérica: el Cisneros de Barcelona y el España de Buenos Aires. En ambos casos, no me fui a vivir a ellos: terminé viviendo ahí.

Es difícil de explicar, pero la experiencia me dice que uno ya está viviendo en uno de estos sitios cuando ha logrado detener su vida. Vivir en un hotel es estar suspendido, alejado de la realidad. Bertolt Brecht escribió que habitar en un hotel «significa concebir la vida como una novela», y es cierto: en las novelas los personajes no hacen la cama, no limpian el baño, no pagan las cuentas, no ordenan su ropa y todas esas cosas de la vida real que no existen en una habitación de alquiler. Mi novela era la de alguien que decide sobrevivir escribiendo historias por el mundo, y poner eso por encima de todo. Hasta que un día, descubres que tu vida ya está suspendida, lejos de la realidad.

Lo de la vida detenida lo comprobé claro a la vuelta de un viaje a Vietnam. Me había tocado escribir, en mi papel de periodista portátil, una crónica por el aniversario treinta del fin de la guerra. Entonces ya llevaba más de un año radicado en el España de Buenos Aires y, cada vez que me iba de viaje, dejaba mis maletas —mi casa— en la bodega del último piso. Al regreso, como siempre, preguntaba por la habitación 54. Si estaba ocupada, me iba a otro cuarto hasta que se desocupara la mía, que no era mía.

Después de pasar un par de semanas en Vietnam, escribiendo el encargo de una revista de viajes, regresé a Buenos Aires. La 54 estaba ocupada, así que me dieron la 50, que es más chica, no tiene balcón y da hacia un patio interior oscuro. Por la ventana solo se ven otras ventanas, casi todas cerradas. En la mochila, además de la ropa, traía unas artesanías vietnamitas. Eran dos figuras de madera, una pareja de títeres que había comprado en Hanoi. Él era un pescador y ella una bailarina, los dos con la piel pintada de blanco y las ropas de verde y rojo. Traía los títeres envueltos, protegidos, embalados para enfrentar su primera prueba como pareja: salir sin daño de treinta horas de vuelo y escalas y trasbordo y maleteros que patean el equipaje.

Cuando abrí la mochila, lo primero que saltó desde adentro fue el envoltorio donde estaba la pareja de adorno. Luego saqué los zapatos, los libros y los fui acomodando en la habitación. La ropa sucia la metí en una bolsa, para llevarla a la lavandería. Lo único que quedó dentro de la mochila fue el paquete de embalaje con los muñecos adentro. Alguna vez los podría desembalar y comprobar si, finalmente, habían tenido un viaje sin daños. Seguramente, llegaría el momento de ponerlos de adorno en algún sitio mío. El Hotel España de Buenos Aires era apenas una escala, sin fecha de término, mientras me dedicaba a escribir y viajar. Ya llegaría el momento de poder lucir al mundo la pareja de títeres. Por entonces, todavía estaba lejos de la realidad, dentro de mi ficción.

2

De ser verdad todo lo que dicen muchos porteños de su ciudad, Buenos Aires fue por largos años la capital más importante del mundo occidental. A la par con París y un poco más arriba de Berlín. ¿Madrid? un pueblito de campesinos. ¿Miami? una porquería. Sin embargo, hay algunos que opinan que, muy lejos de ser una historia de pasado, todavía Buenos Aires mantiene dicho esplendor. Hace apenas unos días, en un almuerzo de cronistas de viajes argentinos, un periodista de suplemento de turismo dominical se despachó, tranquilamente y sin culpa, una gran declaración de sobremesa: «Hoy Buenos Aires es mucho más importante que Nueva York, tiene más cultura y más espectáculos. En Barcelona no pasa nada culturalmente con relación a nuestra ciudad». Y lo dijo en serio.

Pero los anteriores son casos aislados. Lo que reina en la capital de Argentina es la nostalgia, por eso la mayoría de quienes evocan un pasado repleto de luces y fiestas, hoy hablan de catástrofe. Basta topártelos en un café, o en un taxi, para que te suelten que la ciudad está podrida, que la rompieron, que está hecha una basura, que ya no es lo mismo. Y otra vez, como tantas veces aquí, la expresión suena a una nueva exageración.

Buenos Aires ni fue la capital más deslumbrante del planeta, ni mucho menos está en ruinas. Por el contrario, sigue siendo un formidable imán de extranjeros, que vienen de vacaciones o a vivir.

Durante los últimos años, en plena crisis económica, el auge del turismo fue tal que cambió la cara. De pronto, todo se iba transformando en visita imperdible. De esa época aparece el Tour Borges, que incluía visitas a la Fundación Internacional Jorge Luis Borges, a su casa de la niñez en Serrano 2147, a la Biblioteca Nacional de la que Borges fue director, y a la Librería La Ciudad, que Borges frecuentaba mucho porque vivía enfrente. También se activó el Tour Gardel, que incluía la casa de Carlos Gardel en Jean Jaures 735, la casa del teatro-sala Carlos Gardel, el Hipódromo de Palermo y el Cementerio la Chacarita. Y también el Tour Evita, que incluye el Museo Evita, la plaza Evita, el Instituto Eva Perón, la Central General de Trabajadores y el Cementerio de La Recoleta.

Aunque seguramente, más allá de los mitos y los recorridos, han sido los precios bajos y las tiendas de ropa y las parrillas con bifes jugosos y el *boom* del turismo sexual los que han hecho renacer a Buenos Aires como destino imperdible del presente: sin importar el pasado.

* * *

La primera vez que estuve en Buenos Aires fue durante mi «viaje de estudios». Finalizaba la época escolar y, como parte de la tradición, despedimos el colegio con un viaje de egresados. Una gira de estudios que, para casi todos, significaba la primera vez que salíamos del país. Sin darnos cuenta, caímos en una Buenos Aires que por entonces hervía de democracia. En plena primavera alfonsinista arrasábamos las disquerías comprando música de grupos que no habían llegado a Chile, y que tenían nombres tan raros como Soda Stereo, Virus o Sumo. Eran los ochenta, y mientras los rockeros argentinos se llenaban la cabeza con cocaína, nosotros inflábamos nuestras mochilas con zapatillas de colores que no existían en el Santiago gris militar. Con Pinochet en el poder y sin la TV por cable ni Internet, llegamos a una metrópolis que nos hacía sentir que estábamos conociendo el verdadero mundo. Visitábamos las tiendas con el asombro de un alemán oriental en Berlín, tras la caída del muro. Jugábamos a pedir *pizzas* extrañas y las acompañábamos con cervezas de tres cuartos para cada uno. Para casi todos, era la primera vez que viajábamos sin los padres, y nos entreteníamos jugando a ser más adultos. Si alguna vez la democracia llegaba a Chile, sería así, haciéndonos sentir adultos.

Nuestro hospedaje fue en el Hotel Rochester, un tres estrellas del microcentro porteño, en la calle Esmeralda a metros de Lavalle. Una mañana, en el desayuno, un rápido ladrón entró al restaurante del hotel y le robó la cartera a la madre de una compañera de curso que nos acompañaba. Debe haber sido un punga chileno, dijo el conserje.

Recuerdo una noche que, mientras el resto se iba a sus habitaciones, algunos conocimos a dos *sexys* argentinas en el *lobby*. Una era rubia y la otra de pelo negro, y las dos jóvenes y divertidas, y no nos hablaban como a adolescentes sino como a hombres. Al poco rato terminamos sacándonos fotos en la habitación de ellas. Entre *flashes,* las dos se iban cambiando de bikinis y nos mostraban los caros regalos que les solían hacer. Si esto era la democracia, nuestra vida sí era un desastre. Nos turnábamos para abrazarlas y les mentíamos, diciéndoles que en realidad éramos los profesores a cargo del grupo. Ellas nos decían que vivían en el hotel. Fue la primera vez, con estas dos modelos en bikini, que escuché que alguien podía vivir en un hotel.

La campanilla del teléfono, cuando comenzábamos a hacer un juego con prendas, detuvo la fiesta. Las llamaba el gerente del hotel, «para invitarnos a una cena», dijo la rubia y se quitó la ropa frente a nosotros para meterse a la ducha. «Nos vemos mañana», gritó desde abajo del agua. La morocha comenzó a maquillarse frente a nosotros, y pidió ayuda para entrar dentro de su ajustado jeans. La llamada las había puesto en emergencia, como a los bomberos cuando una casa se incendia. Alguien estaba en llamas, y las chicas iban en su rescate.

Por el azar, y no por la nostalgia, terminé viviendo en esta ciudad. La misma donde sentimos que habíamos cruzado al mundo y que la democracia, esa democracia que por primera vez conocíamos, era lo mejor que le podía pasar a nuestras vidas.

Ha pasado el tiempo. De la mayoría de mis compañeros de colegio no volví a saber más. El viejo Hotel Rochester, ha sido completamente remodelado y convertido en un elegante cuatro estrellas.

He ido un par de veces al bar, pero nunca se han vuelto a aparecer esas dos argentinas *sexys*. La ciudad ha cambiado. A diferencia de ese entonces, la gente ya no se junta en las esquinas a debatir sobre el futuro del planeta, y se recomienda no caminar por Lavalle de noche. De la primavera democrática argentina solo quedan registros en algunos libros de historia. El vocalista de Virus murió de sida, el vocalista de Sumo murió por sobredosis, y el vocalista de Soda Stereo tuvo un accidente cerebro vascular.

* * *

Pese a ser redundante, la expresión «hoteles literarios» se ha convertido en una suerte de verdad canónica. Seguramente, esto terminó de ratificarse en el libro *Hoteles literarios. Viaje alrededor de la tierra*, donde Natalie de Saint Phalle hace una travesía planetaria por alojamientos relacionados con escritores. Por supuesto, en sus páginas no aparece ninguno de los hoteles España de Latinoamérica.

Cuando llegué a vivir al Hotel España de Buenos Aires jamás sospeché dónde me estaba metiendo. Es cierto que los muebles, camas y sillones parecían venir de una historia más glamurosa, pero eso podía tener más que ver con las compras en un remate que con un pasado de gloria. Si el Hotel Cervantes de Montevideo era «sombrío, tranquilo, casi desierto», según escribe Julio Cortázar en «La puerta condenada», comparado con el España de Buenos Aires era un palacio lleno de luz y vida. Si hubiera que hacer una síntesis rápida, los hoteles España de América Latina tienen más que ver con asaltos, secuestros, disparos, detenciones, estafas y fracasos económicos, que con ese adjetivo que pretende cubrir todo de falsa importancia: literario.

El Gran Hotel España de Buenos Aires se comienza a construir en 1897, y es el primero de toda la avenida de Mayo, por entonces la principal de la ciudad. Curiosamente, el sitio oscuro y lleno de muebles viejos fue en su comienzo uno de los más importantes y lujosos de la ciudad ¿Cómo llegó un hotel pionero y ejemplo de la ciudad a convertirse en el cero estrellas de la actualidad?

¿Cómo se pasa del esplendor de fines del 1800 al deterioro de hoy en que se celebra el Bicentenario? Es la historia de Argentina, me dice un amigo porteño, pero eso me lo dice por casi todas las cosas que pregunto.

Las crónicas de 1897 hablan de una Buenos Aires en pleno crecimiento y un proyecto emblema para la ciudad: la avenida de Mayo. El plan, ambicioso y opulento, convertiría a la famosa avenida en el primer bulevar de Argentina. Bajo ella, pocos años más tarde comenzaría a correr el primer tren subterráneo de Iberoamérica: la línea A del subte de Buenos Aires.

En su libro sobre la avenida de Mayo, titulado *Circos, cines, teatros y cafés*, el historiador Ricardo Llanes recrea el mundo de la hotelería de esos años y destaca el testimonio de un mozo del hotel: «Antes de que se abriera el Gran Hotel España, en ella [por la avenida de Mayo] reinaba muy poca animación. Con su funcionamiento se operó en esta calle una transformación general. Un hotel es un mundo en miniatura, a cuyo desenvolvimiento concurre un sinnúmero de servidores y profesionales», decía el empleado del España, sin imaginar lo difícil que puede resultar abandonar dicho mundo en miniatura.

En esos años Argentina vivía una época de desarrollo sostenido. Los españoles encabezaban la lista de inmigrantes y para sentirse más en casa, se alojaban o visitaban o merodeaban el Hotel España de Buenos Aires. Y no solo eso; las crónicas de la época hablan del hotel como una suerte de sucursal de la «madre patria»: entre las figuras que durmieron alguna vez en el Gran Hotel España están José Ortega y Gasset, Ramón Menéndez Pidal y Ramón del Valle Inclán.

Para mi sorpresa, me entero de que la inauguración del hotel fue todo un acontecimiento. Estuvieron presentes su dueño, el navarro Javier Laurenz, y el arquitecto José Arnabat. En aquellos años el hotel estaba en la avenida de Mayo 930. Para 1910 ya se habían instalado al menos dieciocho hoteles más en la avenida de Mayo, todos con fachadas llamativas que convirtieron a esa calle en una de las más hermosas de la ciudad. Entre 1910 y 1920 comenzaron a funcionar en la misma calle el Pensión España

Hotel, el Hotel Madrid, y el Hotel Español. La mayoría de esos hoteles sigue funcionando hasta hoy, manejados por los descendientes de aquellos primeros españoles que entendieron a Latinoamérica como el sitio ideal para un hotel.

Si bien el Gran Hotel España constituyó un refugio para inmigrantes y exiliados, rápidamente se fue transformando en un fortín para los radicales atrincherados en la revolución de 1930. Por mucho tiempo, el presidente argentino Hipólito Yrigoyen disfrutó de la comida que le enviaba Carlos Spriano, el chef del hotel, quien además era su cocinero oficial. Hoy, el Hotel España no tiene cocina, aunque a un costado hay un local donde venden sándwich de milanesa, empanadas de carne o jamón y queso o queso y cebolla, triples de miga y medialunas, abierto las 24 horas del día y con precios económicos.

Este hotel se hizo famoso por su «aire de casa». La migración hacia Argentina crecía sin pausa, y el éxito del Hotel España es tanto que el edificio queda chico. Es entonces que sus dueños deciden construir un anexo, a pocos metros, exactamente en la calle Tacuarí 80, a pocos metros de la avenida de Mayo. En dicho anexo está la habitación 54.

Me entero de que en la década del cincuenta Nicolás Guillén y Rafael Alberti pasan parte de su exilio en Buenos Aires, viviendo en el Hotel España. En la oficina de Patrimonio Cultural, del Ministerio de Cultura de Buenos Aires, uno puede ver una versión digitalizada del plano original del hotel. Ahí está, trazada a lápiz, la fachada del que sería un hotel modelo para la avenida de Mayo, para todo el centro, y para el resto de Buenos Aires.

Cuánta fe había en el futuro. El territorio de las Indias absorbía a los inmigrantes que venían de España buscando una mejor vida. Persiguiendo sus oportunidades arriba de barcos que, cada uno, medía más de treinta pateras. La inmigración española en América Latina había pasado su época de mayor esplendor, con Argentina y México como habitaciones predilectas del «Hotel Latinoamérica». La segunda mitad del siglo las cosas comenzaban a cambiar. Para mediados de los sesenta, los españoles ya no llegaban en la misma cantidad a Buenos Aires y el crecimiento llevó a la construcción de nuevos hoteles en otras zonas de la ciudad. La avenida de Mayo, que aún mantiene su esencia señorial y une el palacio de Gobierno y el Congreso, fue perdiendo su protagonismo. Cada vez llegaban menos pasajeros, y los buenos clientes se hospedaban en otros barrios.

Los años setenta, la época de las dictaduras latinoamericanas, también fueron duros para la avenida de Mayo. Cada vez era más difícil mantenerlo. Pasa de mano en mano entre algunos dueños, hasta que finalmente en los años ochenta se cierra. Solo sobrevive el anexo del hotel, el de calle Tacuarí 80, que mantiene el nombre y los muebles.

—Nosotros compramos este anexo a fines de los años sesenta, en una sociedad, y así es como sigue hasta hoy como Hotel España —dice Raúl Castro, con un cerrado tono gallego pese a llevar cincuenta años de vida en Buenos Aires. Es tarde, tiene más de setenta y cinco años, es el dueño del hotel y sigue detrás del mostrador.

—A las nueve mañana, por favor —le digo, para que anote que me despierten a la mañana siguiente.

El edificio principal del Gran Hotel España permaneció abandonado casi toda la década de los noventa, hasta que finalmente lo reciclaron y volvió a abrir sus puertas. Esta vez, ya no como un hotel. Actualmente, tras la imponente e histórica fachada de avenida de Mayo 930, funciona la Unión de Trabajadores Gastronómicos de la República Argentina, la UTHGRA, conocida informalmente como el sindicato de los Gastronómicos, o también, como el sindicato de Luis Barrionuevo, un legendario y poderoso líder sindical argentino que se hizo famoso por la frase: «Para que Argentina salga adelante tenemos que dejar de robar dos años». En uno de los antiguos salones principales del Gran Hotel España, ahora hay un completo museo en honor a Evita, con cientos de objetos, cuadros, fotos, videos, audios, vestidos, portadas de revistas y libros que recuerdan a la reina de los descamisados.

3

Todas las grandes ciudades de Latinoamérica tienen un hotel que se llama España. Por cierto, en todas estas ciudades latinoamericanas también hay una avenida España, una plaza España, un instituto cultural de España, un consulado de España y una embajada de España. Sin embargo, a diferencia de calles y organismos oficiales, los hoteles han sido bautizados con ese nombre por particulares. Por personas que, ya sea por nostalgia o porque le vieron un gancho comercial, decidieron que España era un buen nombre.
¿España era un buen nombre?
A la inmensa mayoría no le ha ido bien. Ninguno de estos hoteles llegó a transformarse en un ícono de su ciudad, ni pasó a engrosar la lista de los imperdibles. La mayoría apenas aparece en las guías de viaje y todos, prácticamente todos, vivieron los últimos treinta años como un largo y decadente camino a la agonía. Al mismo tiempo que España, el país, vivía sus décadas de mayor crecimiento económico de los últimos años y saboreaba su desarrollo con entusiasmo, en los España la marcha era totalmente hacia atrás.

En este viaje, Latinoamérica es el territorio de los hoteles España.

Es de madrugada cuando salgo del Hotel España de Buenos Aires y paro un taxi. Le pido que me lleve a Aeroparque, el aeropuerto de vuelos internos. Al rato ya estoy volando al sur, en dirección a Patagonia. El cielo está nublado y el avión se mueve. Pronto aterrizaremos en Chubut, y de ahí hacia un pueblo donde todo indica que se pueden ver ballenas.

Argentina comenzó su independencia el 25 de mayo de 1810, con la Revolución de Mayo, que expulsó al virrey Cisneros. Luego se creó una junta de gobierno, y se inició la Guerra de la Independencia de las provincias unidas del Río de la Plata contra el reino de España. La independencia definitiva se declara el 9 de julio de 1816. Sin embargo, hay lugares de Argentina donde la independencia está mucho más relacionada con esta época. Eso ocurre, por ejemplo, en el pueblo del avistamiento de las ballenas: recién ahora, y después de muchos trámites, han logrado ser independientes.

* * *

«Este pueblo es Argentina en miniatura», dice Chocolate, un buzo mariscador que recorre diferentes zonas de la Patagonia desvalijando el fondo del mar. «Todas las cosas que pasan en el país, en Pirámides pasan igual, pero en chiquitito», y lanza una carcajada, una risa burlona, una mueca que acompaña subiendo en forma resignada sus hombros gruesos de mariscador. Entonces toma su vaso de Fernet con Coca-Cola, hace un brindis, y antes de empinárselo balbucea un «Y sí, es igual».

Chocolate tiene la piel oscura y los pómulos duros como la concha de un mejillón. Acostumbrado a estar bajo el agua, bebe rápido, ansioso, como si en tierra su oxígeno fuera el Fernet. Es de noche en Puerto Pirámides, el único lugar habitado de la Península Valdés. Estamos en La Estación, el bar más movido de este pueblo de la Patagonia famoso por el avistamiento de ballenas. Adentro hay unas quince personas. Toda una multitud pensando en la inmensidad despoblada del fin del mundo, en que en todo el pueblo hay 300 habitantes, y en que son las tres de la mañana. La gente se pasa de mesa en mesa con la familiaridad de una convención. La manera en que todos se conocen la vida da pánico. Cualquiera de aquí maneja al dedillo la vida de los otros 14. «Pueblo chico infierno grande», se repite tanto, que ya pierde su verdadero valor.

Durante la época en que las ballenas vuelven a la Patagonia, Puerto Pirámides vive del turismo. Desde estas playas salen las lanchas repletas de mochileros, de novios alemanes, de amigos españoles, de jubilados de Estados Unidos. Pequeñas embarcaciones, atestadas como una patera recién salida de África, con pasajeros vestidos con ropa térmica que fotografían cómo los cetáceos saltan, respiran, amamantan a sus crías y nadan. Cuentan orgullosos, que aquí se embarcó Lady Di, cuando vino en viaje oficial para conocer la Argentina profunda. De aquí se han grabado las imágenes para más de un centenar de documentales para los canales de fauna marina, con delfines y ballenas que más tarde se verán saltando junto al logo de la *National Geographic*. Siempre desde aquí, del pequeño Puerto Pirámides, y no de Puerto Madryn, como suele pensarse en el resto del país.

—Siempre ha sido desde aquí, pero como somos pocos y desunidos, Madryn se quedó con nuestro tesoro. Pero ahora conmigo y con la independencia, las cosas van a cambiar —dice el futuro intendente, y enciende un cigarrillo.

Emocionado. Cuando uno se sube a las embarcaciones que llevan a ver ballenas, siente que puede ser un gran momento. Uno de esos instantes viajeros únicos, en que la suerte consigue que estés ahí en el caprichoso instante que una ballena gigante decide levantar la cola y ponerte su aleta a pocos metros de distancia. Esa ilusión se infla antes de lanzarte al mar, en las oficinas de las empresas turísticas: ahí verás que están las fotos, los afiches, los calendarios mostrando a estos gigantes submarinos haciendo piruetas frente a los visitantes. Y antes de subir a bordo, cuando te obligan a ponerte el salvavidas, cuando te dan instrucciones, cuando te piden tus datos «en caso de accidente», cuando te recomiendan no ponerte de pie si la ballena está cerca.

Ya vamos lanzados al mar, hay ansiedad, los turistas se clavan en el ojo derecho la cámara de fotos (y que no se sacarán de las narices hasta volver a tierra firme), vamos rumbo a las ballenas y uno vuelve a sentir que es un momento importante. Y no sólo eso: llegas a pensar en lo maravillosa que es la naturaleza, en el incalculable valor de reserva mundial que es la Patagonia.

—La punta del barco serán las doce. La derecha serán las tres. La parte de atrás, las seis. Y la izquierda las nueve. A partir de ahora el barco será un reloj, así que cuando digamos «ballenas a las 4», todos deben mirar por la parte derecha, un poco hacia atrás —explica Pinino, uno de los clásicos capitanes balleneros de Pirámides.

Salvo los que trabajan en el barco, todos los pasajeros vienen de países que están fuera de Latinoamérica. Turistas europeos o del norte de América, que han venido a conocer Argentina en tres semanas, y que le dedican a las ballenas de Pirámides un día.

—Llegan en buses de turismo, hacen el avistamiento, después almuerzan aquí en el pueblo, y luego regresan a los mejores hoteles de Madryn —dice Pinino.

Pinino tiene la barba blanca, los ojos azules, los dientes amarillos y un Jeep 4x4 negro. Nació en Buenos Aires, pero en 1978 se vino a la Patagonia a trabajar de buzo marisquero. Alcanzó a estudiar a Leyes, pero cada día le pesaban más lo libros, hasta que le dijo a su padre que dejaba todo porque quería ser «cazador submarino internacional». Hoy, 25 años más tarde, es la cabeza de una de las principales empresas de avistamientos de la Península Valdés. Una de las seis empresas que se reparten los 200 mil turistas que vienen a ver ballenas al año (y que pagan 15 dólares cada uno por el paseo). Tres millones de dólares, sólo en el recorrido para ver los cetáceos, sin contar los souvenirs, ni las comidas, ni los alojamientos. Las ballenas convertidas, otra vez, en un jugoso botín.

—Es un buen negocio —dice Pinino, rendido ante las evidencias. Aunque rápidamente frena el optimismo, y dice que también es un trabajo muy sacrificado.

Esta tarde el sol está de nuestra parte, y los rayos se filtran varios metros mar adentro. Desde cubierta casi se distingue el fondo de mar, por lo que una eventual presencia de ballenas se vería formidable. Pero no se ven. No hay señales que ninguno de estos submarinos con ojos y vida propia se aparezca por aquí. Recién ahora nos cuentan que no siempre se ven las aletas de «las chicas», y menos ahora que ya termina la temporada. En un momento, en mitad de la charla de resignación, abajo nuestro aparece el gigantesco lomo de una de ellas. Existen, están ahí, se mueven pesadas bajo nuestras narices, pero no se asoman. Los pasajeros del barco, que han viajado desde el primer mundo hasta el fin del mundo para ver de cerca la aparición de las ballenas, no parecen muy felices. El viaje termina sin espectacularidad. En tierra firma nos esperan vendedores de afiches con aletas gigantes asomadas por sobre el mar. La mayoría de los visitantes como el recuerdo, haciéndose una idea de lo que podrían haber visto. Entre los turistas y los vendedores de pósters hay niños que le piden dinero a los extranjeros. La limosna tampoco está incluida en los 3 millones de dólares que generan los paseos en bote para mirar a «las chicas».

* * *

Lo primero que dice Alejandro Albión cuando me saluda es que él, a partir de unas semanas, será el «intendente más joven del país». Y lo repite varias veces:
—Es una chapa que tengo que usar. Una chapa con la que quiero llegar hasta Buenos Aires —suelta, con el entusiasmo de un experto en mercadeo, mientras nos tomamos un café en uno de los restaurantes de Puerto Pirámides.

Alejandro y su Concejo todavía no saben la fecha exacta de la asunción al poder. No lo han decidido. Dicen que están partiendo de cero, que están fundando un pueblo, que desde ahora Puerto Pirámides será distinto, otra cosa, que ya nunca más se dejará pisar por los vecinos de Puerto Madryn, pero que todos deberán asumir el sacrificio.

—Esto de la independencia tiene sus costos —dice serio, en tiempos en que Latinoamérica festeja el Bicentenario de su Independencia.

—¿Qué costos?

—Muchos, porque ahora dependeremos solamente de nosotros y no podemos fallar. Con nosotros parte, definitivamente, la Municipalidad de Puerto Pirámides.

El futuro «intendente más joven de Argentina», el que habla de las responsabilidades de la independencia, nació en Madryn y llegó a Pirámides hace unos diez años. Es dueño de un bar (que dejará mientras dure su cargo de máxima autoridad), levanta pesas, usa camisetas ajustadas, y dice que Argentina es el mejor país del mundo. Parece tener todos los tics de un verdadero político latinoamericano: es empresario, nacionalista, cuida su imagen, tiene conflictos de intereses, propone que la historia parte con él y todo el día da la mano. Dice que conoce los problemas de la gente, que está cerca de su electorado y que su gestión será la más transparente del país:

—Sólo te pediría que algunas cosas que dije contra los capitanes balleneros no las publiques, porque no quiero partir enojado con ellos.

En este pequeño pueblo argentino, ocurre lo mismo que en gran parte de Latinoamérica: los capitanes balleneros, los grandes dueños de los ingresos del pueblo, viven fuera de Pirámides. Todos residen en Madryn, en lujosos departamentos. Llegan al pueblo con el alba, les cobran a los turistas por el paseo, y en la noche se llevan la recaudación a Madryn. «Este pueblo es como Argentina en miniatura», decía Chocolate, el buzo marisquero que recorre todas las playas de la Patagonia. Aunque, en realidad, podría ser una versión pequeña de la mayoría de los países de esta región del mundo plagada de hoteles España.

El primer Concejo de Puerto Pirámides, después de su independencia, estará compuesto por una joven de Buenos Aires que llegó hace un par de años, es dueña del restaurante El Refugio, y está casada con el propietario de la tienda de buceo. Participa otra mujer, también de Buenos Artes, dueña del pub-restaurante La Estación. Se suma al grupo un nativo, dueño del supermercado y hospedería Médano. Y el último cupo es de otro nativo, criador de caballos.

—Muchos piensas que los nativos se llevan mal con los que hemos venido de afuera, pero de a poco la gente entiende que hemos venido a aportar, a ayudar —dice el próximo intendente de Puerto Pirámides.

Y aunque parece conciliador, sabe que cualquier independencia va a requerir un nuevo escenario para las relaciones entre nativos y forasteros. Esa también fue la promesa que se hizo hace 200 años en todos los países que ahora celebran el Bicentenario. Aunque puede ser un eslogan más en su carrera política llena de promesas, dice que su primera labor va a ser recomponer la relación al interior de la comunidad. Y lo dice entusiasmado, con la misma confianza con que hicieron sus promesas los libertadores de América.

* * *

La noche suele traer la pausa. En el Hotel España de Buenos Aires, cuando uno se asoma de noche por el balcón de la 54, puede escuchar claramente que falta el ruido del día. De madrugada, hay veces puede despertarte el estallido de un botellazo, o el grito de alguien que va corriendo, o una sirena policial que rompe la monotonía, pero nada tiene que ver con el día: por la esquina de avenida de Mayo y Tacuarí la contaminación acústica pasa desfilando de manera itinerante. Taxis, colectivos, camiones, marchas, bombos, huelgas, música, pitos, vendedores, risas, sirenas, todo junto, todo el tiempo, en una sonajera infinita que sube desde la calle al piso 6 de la 54.

Cuando oscurece en Puerto Pirámides, la tranquilidad se nota especialmente en el agua. Ya no hay motores sobre el mar, yendo de un lado hacia otro, en ese alboroto incesante que zumba la cabeza de las ballenas. Al anochecer las lanchas se guardan en tierra firme, en espera de la nueva jornada. Si tienes paciencia, puedes sentarte a mirar ese mar oscuro apenas iluminado por la luna. Sentir las olas que revientan cerca y ver sobre el horizonte que salen unos chorros de agua. Son las ballenas que respiran en la superficie esta noche de Patagonia. Se les siente cerca, se les escucha cerca, como si la tranquilidad de la noche les permitiera saltar más tranquilas. Asomar la cabeza desde el mar, mirar hacia Puerto Pirámides, y rápidamente volver a meterse bajo el agua.

Desde hace más de diez años Puerto Pirámides es Patrimonio de la Humanidad, según la UNESCO. Un título que, según dicen aquí, ha traído tantos beneficios como dolores de cabeza. La bendición de la UNESCO termino siendo una bajada de bandera, una señal de largada para la carrera por la sobreexplotación y la sobrepoblación del pueblo que ahora duerme.

Amanece temprano. Como todas las mañanas Hipólita Ledesma es una de las primeras en levantarse: es la portera de la escuela de niños de Puerto Pirámides. Hipólita es nativa del lugar, y lo recalca desde atrás de unos anteojos con triple aumento. Se peina con gomina, casi todos los dedos de sus manos están chuecos, y no está contenta con la llegada de gente de la capital que vino a invertir en el pueblo:

—Se perdieron todas las tradiciones. Ahora nos tenemos que juntar en mi casa a bailar y a recordar cómo era el pueblo antes de que llegara esta gente. Sabés, yo ya no puedo ir a ver las ballenas porque me cobran. Y vivo aquí desde antes que llegara toda esta gente. Ni siquiera nos dejan ir a andar a caballo a la playa. Y tampoco pueden ir mis nietos, porque están los tractores que sacan los barcos en la noche.

La casa de Chacha, como se conoce a Hipólita en Pirámides, es pobre. Se ve un televisor gigante por donde pasan una telenovela, hay una docena de trofeos que sus hijos se han ganado en jineteadas y se ve un diploma, un orgulloso diploma junto a la puerta, un diploma que certifica por parte de la Primera Escuela de Detectives de Argentina que Jorge, uno de los hijos de la Chacha, aprobó satisfactoriamente su curso de investigador privado por correspondencia.

—Mis hijos ya no pueden comprar terrenos aquí, porque están carísimos. Los de afuera llegaron, compraron a precios de locos, y ahora está imposible para nosotros —dice Chacha, mientras mira una foto de una ballena que tiene colgada en la pared principal de su casa.

* * *

El camping de Puerto Pirámides está casi vacío. Si no fuera por una casa rodante, estaría vacío totalmente. Marcela Mardones vivía en la provincia de Buenos Aires, tenía un mal trabajo, se llevaba mal con la familia y se había separado hace poco. Con algo de dinero que ahorró se compró una casa rodante, le pidió a su hermano que la acompañara hasta Patagonia, y ya lleva más de un año viviendo sola en el fin del mundo. Marcela tiene 23 años, trabaja en la tienda de buceo, y cuando puede acompaña a los turistas europeos a nadar bajo el agua junto a las ballenas. Sabe que está prohibido, pero también dice que todos lo saben y que es parte de su trabajo.

La casa rodante de Marcela es su propio Hotel España. Es una cabina estrecha, calurosa, pero dice que aquí adentro no le falta nada. Tiene revistas sobre la mesa, envases de fideos, tarros de salsa, una botella de aceita, una cocinilla a gas y una radio a pilas. No está segura de cuándo va a volver a Lanús, su lugar de toda la vida. Dice que a veces extraña. Otras veces, muchas veces, siente que aquí ha logrado su propia independencia.

—No me interesa la disputa entre los nativos y los que han llegado hasta aquí para hacer negocios. Es una pelea muy lejana para mí— dice, con la seguridad de alguien que lleva los conflictos puertas adentro. Y enciende un cigarrillo. Dice que no cree mucho en la independencia de Puerto Pirámides, y que la entretención preferida de muchos de quienes se vinieron desde Buenos Aires es juntarse a jugar Monopolio. Entre sus planes próximos está comprar un curso de «Inglés sin Barreras», para comenzar a viajar fuera de Latinoamérica, y un mazo de cartas, para aprender a jugar solitario.

Comienza a oscurecer. Los tractores de la playa ya están sacando los barcos del mar. Las ballenas comienzan a respirar más tranquilas. Marcela va a buscar ramas secas para hacer una fogata al lado de su casa rodante. Mientras separa la madera, grita:

—Ya no quiero dejar de viajar ¡Me acostumbré!
—¿A qué?
—Y... no sé ¿Será a la independencia?

4

«Meneses, ya son las nueve», se escuchaba al otro lado del teléfono, y si me había quedado escribiendo hasta tarde, respondía «ok, gracias», y colgaba para seguir durmiendo.

El mismo año que se comenzó a construir el Hotel España de Buenos Aires, en 1897, España le concedió la autonomía política y administrativa a Puerto Rico. En esas mismas fechas, Estados Unidos intervino en Cuba para detener un levantamiento cubano contra los españoles. A mediados del año siguiente, en julio de 1898, Estados Unidos invadió Puerto Rico.

Ha pasado el tiempo, pero no lo parece. Hoy, durante los festejos del Bicentenario de la Independencia de América Latina, el Estado Libre Asociado de Puerto Rico es un territorio no incorporado de los Estados Unidos con estatus de autogobierno. Cuba, por su parte, se declara víctima de una independencia forzada de Estados Unidos, a causa de un bloqueo económico que lleva más de cincuenta años.

«Meneses, ya son las nueve», se escuchaba al otro lado del teléfono, y si me había dormido temprano, respondía «ok, gracias», y a los pocos minutos ya estaba debajo de la ducha.

* * *

Cuando uno descubre que está encerrado en la vida de hotel, que no puede salir de ahí o, lo que es peor, que siempre vuelve, que regresa una y otra vez, se puede inventar una salida: el día que por fin conozca Ciudad de México, y el Hotel España del D.F., habré terminado mi proyecto de los España y ya no habrá razón para seguir viviendo aquí.

Pero también, cuando uno descubre que está encerrado en la vida de hotel, que no puede salir de ahí o, lo que es peor, que siempre vuelve, que regresa una y otra vez, se puede hacer una lista de todas aquellas cosas que solo te suceden si vives en un hospedaje público. Diferentes situaciones que, lentamente, a uno lo van alejando de la realidad:

—No hacer una cama en varios años.
—No conocer a tus vecinos.
—Usar toallas a destajo.
—Prestarles tus revistas a las mucamas.
—Despertarte con una llamada telefónica.
—Practicar idiomas con tus compañeros ocasionales de ascensor.
—Dejar la llave de tu casa en la puerta, antes de salir a la calle.
—No tener ni diplomas ni fotografías familiares ni calendarios colgados en la pared.
—Usar sábanas bordadas con el nombre de tu casa.
—Usar jabones en miniatura.
—Pagar extra por recibir visitas que se quedan en tu cama.
—Interesarte en la vida del recepcionista.

En general, el personal de un hotel rápidamente se interesa en la vida de los pasajeros. Se tejen historias, se analizan los movimientos del huésped y se lleva un discreto control de horarios de salidas, entradas, invitados. Cuando pasas mucho tiempo en el hotel, el pasajero comienza a interesarse en la vida del personal.

Por ejemplo Carlos, que está en la recepción del turno de la mañana, es hijo de uno de los socios españoles que compró el hotel a fines de los años sesenta. Su padre falleció hace varios años y él trabaja detrás del mostrador, de lunes a viernes, en el turno de la mañana. Es el encargado de despertar a los pasajeros.

«Meneses, ya son las nueve», se escuchaba al otro lado del teléfono, y si me había dormido temprano, respondía: «Ok, gracias», y a los pocos minutos ya estaba debajo de la ducha.

En el turno de la tarde siempre me cruzaba con Ángel Pardo, un español amable, canoso, con más de ochenta años y problemas auditivos. Ángel llegó a la Argentina a los veinticinco años. Su viaje en barco duró dieciocho días y, según cuenta, varias veces temió que en la mitad del trayecto se hundieran. Casi cincuenta años más tarde estaba fresco el recuerdo del mar bravo, del oleaje golpeando el casco, del océano entrando a cubierta y de los inmigrantes asustados, rezando en grupo para llegar vivos a Buenos Aires. Pese a la dificultad del viaje y seis años después de desembarcar en Argentina, Ángel Pardo volvió a España, a Galicia, para buscar a su novia y traerla a Buenos Aires. Se casaron, tuvo tres hijos y cinco nietos. Uno de sus hijos, Gustavo, que estudió periodismo, a veces lo suplanta en el turno de la tarde si Ángel no se siente bien de salud.

El viejo Ángel era amable, cálido. La mayor parte de su vida la había pasado ahí, detrás del mostrador del Hotel España en el turno de la tarde. Un empleado de confianza, tímido, emparentado con los dueños del hotel. Siempre sentí que me estimaba. Si veía que llegaba cabizbajo a pedirle la llave, me hacía un chiste. Si me veía que entraba al hotel contento, feliz, volviendo de una fiesta o de un viaje, me decía con sonrisa y acento español: «Lo tuyo es la *dolce vita*. ¡La *dolce vita*!».

5. Vivir en las nubes

El tipo que me ofrece coca dice: «Con esto no tendrás problema en la cabeza». No necesito que me convenza mucho. Le compro el pequeño paquete en un rincón de la estación de trenes de Salta. Todavía no son las siete de la mañana y hay una temperatura de frigorífico. La noche salteña es larga, y en muchos locales aún hay parejas bailando y se escucha música en vivo y gritos de alegría porque finalmente terminó la semana y no se está en el maldito trabajo y esto sí que es vida y Salta, conocida como Salta la linda, es de fiesta larga los viernes y sábados, y todos nos conocemos y que vivan los Nocheros, que son de este mismo barrio, de la Balcarce, pegadito a la estación de trenes.

Dentro de la bolsa hay más de cincuenta hojas de coca, de esas que bien masticadas sirven para que la puna no pegue tan fuerte. El viaje es hasta los 4.200 metros de altura, en un recorrido de quince horas que se conoce como el Tren a las Nubes.

«Estas hojas de coca las traemos de Bolivia. Nos dejan pasar un kilo por persona», me había dicho el vendedor minutos antes de subirme al tren. «Acá en Salta todos coqueamos, ¿sabía?».

En el tren nadie coquea. La mayoría de los casi cuatrocientos pasajeros todavía está medio dormida: gringos mochileros que siguen con fe religiosa todo lo que dicen las guías de viajes, matrimonios con hijos grandes de ciudades del interior de Argentina, parejas de novios de Buenos Aires que no pudieron salir de vacaciones en verano y se vinieron a Salta porque aquí siempre hay buen clima. La mayoría se ha dormido temprano la noche anterior porque no es cosa de pasarse de las fiestas al tren. Para enfrentarse a la puna a uno le recomiendan dormir mucho y relajado. Son las siete de la mañana. El Tren a las Nubes ha comenzado su marcha. Todavía no llevamos ni media hora de viaje y en nuestro vagón se asoma Ramón Chaya.

—Un saludo para todos los que inician el viaje del Tren a las Nubes. Es un placer para nosotros recibirlos a bordo y esperamos, realmente, que tengan una experiencia inolvidable —dice Chaya.

Ramón Carlos Chaya lleva veinticinco años como guía del tren. Partió cuando el convoy era de Ferrocarriles Estatales y sigue ahora que es privado y turístico. Chaya es moreno, usa una corbata gastada, tiene el pelo pintado de negro y siempre está frotándose las manos como si estuviera condenado a vivir enjabonándoselas. Habla con un sonsonete radial, gesticula exageradamente y saluda a quien se le cruce.

Algunos pasajeros comentan, los extranjeros con sorpresa y los argentinos de la capital con cierta distancia, que en Salta son todos demasiado oscuritos, demasiado callados, demasiado indígenas para ser argentinos.

—Me recuerda a La Paz más que a Buenos Aires —dice Linda van Boekel, una holandesa de dieciocho años y pelo rubio hasta la cintura, que hace sus primeras armas como trotamundos de primer mundo en Latinoamérica.

—Es cierto, no parece Argentina —le retruca su compañero de asiento, que viene con un grupo de jubilados de Banfield.

Salta es la ciudad más importante del llamado NOA, noroeste argentino, y sus primeras construcciones datan de 1626. El tren en el que vamos camino a los 4.200 metros se construyó hacia el 1900 para el traslado de comidas y materiales entre zonas altiplánicas del norte de Argentina y Chile. Hoy es un viaje turístico que recorre 217 kilómetros antes de llegar al viaducto La Polvorilla. De ahí, media vuelta para regresar a Salta.

En Chorrillos el tren toma altura en zigzag, llegando a los 1.800 metros. Afuera el paisaje es seco, amarillo, con montañas que suben y bajan como el electrocardiograma de un angustiado.

Más que el paisaje y que el propio tren, tras algunas horas de viaje uno descubre que el principal desafío de la travesía es aguantar la altura, la puna. Por lo mismo, a uno le recuerdan que hay estanques de oxígeno en cada vagón. Por lo mismo, también, al llegar a Ingeniero Maury (hito ubicado a 2.300 metros, y bautizado en honor del constructor del trayecto) comienzo a masticar hojas de coca. El sabor es una mezcla entre rúcula y papel de diario.

* * *

Vivir en un hotel es como estar viajando en tren. Dependiendo del punto de vista, estás quieto o te estás moviendo. Sin embargo, basta que te asomes a la ventana y veas cómo la ciudad avanza allá afuera, para que entiendas que aunque tu vida esté detenida todo avanza.

Cuando pasamos por Incahuasi nos anuncian que vamos por los 3.500 metros de altura. La coca no hace tanto efecto y la cabeza pesa y es preferible quedarse sentado, mirando por la ventana e imaginando que alguien que te odia te está apretando el cráneo con una llave inglesa gigante.

Pero eso de no moverse es una recomendación (como abrigarse, comer azúcar, no tomar agua con gas, dormir tranquilo), y no una orden. Cuando la cabeza duele a veces es bueno caminar. Recorrer los diez vagones del tren es un metaviaje, una travesía dentro de la travesía. Hay caras, ojos, labios, narices y peinados para todos los gustos. Y todos se giran hacia ti, como ocurre siempre que a uno le da por atravesar un tren en marcha monótona.

Entre los vagones hay puestos de *souvenirs*, y postales y sobres que uno puede timbrar en una oficina de correos que va en el primer vagón, cuyo sello dice: «Tren a las Nubes». También hay un bar, donde el fuerte son el té de coca, los chicles, los chocolates, las galletas y las bebidas sin gas. Todo pensado para evitar la puna.

En Muñano ya casi llegamos a los cuatro mil metros y el cuerpo pesa. Avanzar dos pasos te deja con el corazón agitado y la cabeza más y más oprimida. Por momentos todo parece un delirio, y ni siquiera tengo claro por qué me voy caminando al último vagón, al comedor. Por los parlantes dicen que estamos en cuatro mil, y la cabeza que aprieta más y más y pienso en llegar a la cocina y pedir un sacacorchos para de una vez descorcharme los ojos que están a punto de estallarme, pero en eso se me cruza Ramón Chaya, el guía más antiguo del tren. Él se ve contento, cómodo en la altura y feliz de estar trabajando (los otros seis días de la semana está cesante, como muchos de la tripulación del tren). Ganador entre tantos turistas que pueden andar con dólares y alojarse en buenos hoteles, pero tienen mala cabeza, no como él. No le alcanzo a decir que la altura me abolla el cráneo, cuando dice:

—Quiero mandar un saludo a los viejos ferroviarios de la empresa estatal Ferrocarriles Argentinos. En especial a Samuel Sánchez Cevallos, Juan Carlos García, Rubén Luna, Héctor Miguel Gorosito y tantos otros que no me gustaría dejar fuera del saludo y que a veces la memoria, traicionera, me los puede hacer olvidar.

A las seis horas de viaje, nos detenemos en Mina de la Concordia para hacer una maniobra de cambio de locomotora. De la nada aparece una multitud de lugareños que venden artesanías, la mayoría descendientes directos de los indios coyas. Los que vamos arriba del tren somos parte de los veintiocho mil pasajeros que anualmente hacen el recorrido, y que por tres dólares consiguen calcetines y gorras, y por cinco, chales y chalecos.

La soledad de los habitantes de esta zona de Argentina (que para varios del tren no parece Argentina) conocida como la Puna y rodeada de montañas de hasta seis mil metros de altura, contrasta con la vida de quienes venimos arriba del tren. Apenas un puñado de casas que de tan abandonadas parece que se hubieran caído de un avión de carga. Por eso quizás todos corren a sacarles fotos, a tocarlas, como si en el fondo uno tratara de preguntarles cómo hacen para vivir con tan poco.

La primera vez que se nos permite bajar es en el famoso viaducto La Polvorilla, a 4.220 metros, un esqueleto de metal donde, si uno mira por la ventana, siente como si el tren fuera volando. El paisaje es conmovedor. Vale la pena el sufrimiento, parece decir Silvia, una mujer de Rosario que se saca el pañuelo de la cabeza para tomarse fotografías

Luego de una bajada de quince minutos viene el regreso definitivo. Una hora más tarde, eso sí, paramos en San Antonio de los

Cobres, donde se iza la bandera argentina y se canta el himno nacional. Los lugareños se pasean vendiendo artesanías, y les importa mucho más el negocio que entonar una canción demasiado argentina como para que los represente a ellos.

La parada en San Antonio también es breve, y de inmediato retomamos la vía para hacer el camino de vuelta a Salta y completar quince horas arriba del tren. A medida que descendemos de la altura, la cabeza recupera su lugar. Sigues sintiendo que la vida está afuera, pero en tu cuerpo ahora hay una señal de que tú también avanzas.

Cuando vamos entrando a Salta nos piden que bajemos las cortinas del tren por seguridad. Es de noche y al entrar a la ciudad rápidamente nos bajan de las nubes: nos advierten que muchas veces le tiran piedras al tren para divertirse. Ya estamos de vuelta en la civilización, donde supuestamente la cabeza funciona perfecto.

6

El primer europeo en llegar a Latinoamérica, en pisar el territorio de los hoteles España, fue Cristóbal Colón hace más de quinientos años, cuando todavía no existían las grandes capitales latinoamericanas ni los hoteles que ahora nos ocupan. La empresa de Colón, financiada por la Corona española, daba inicio a la relación iberoamericana. Una de las primeras medidas fue bautizar la isla que hoy componen los territorios de República Dominicana y Haití como La Española: en las mismas playas donde ahora hay *resorts* de capitales españoles y clases de aeróbicos por la tarde y bar abierto las veinticuatro horas y *acquadance* tres veces por día y clases de buceo y pesca submarina y discotecas con fiestas temáticas. Todo incluido.

El Hotel España de Santo Domingo, la capital de República Dominicana, lleva varios años en remodelación. Posiblemente, pasará mucho tiempo para que vuelva a abrir el viejo Apart-Hotel España, ubicado en la avenida España s/n en el centro de la ciudad. Por ahora sigue cerrado, aunque los dueños te ofrecen unas cabañas vecinas donde poder quedarte a dormir. «Pronto volveremos a abrir», dicen.

La ciudad de Santo Domingo tiene una parte colonial, declarada Patrimonio de la Humanidad y construida en 1502. Es ahí donde se concentra el mayor número de monumentos, más de trescientos. No muy lejos está la plaza de España y el Alcázar de

Colón, la vivienda del hijo de Cristóbal Colón: un palacio que funciona como museo de la llegada de los conquistadores. No hay isla caribeña sin su malecón, y el de Santo Domingo es una avenida que agrupa a grandes hoteles internacionales y tiendas exclusivas que poco tienen que ver con el Apart-Hotel Villa España: en reparaciones eternas. Al igual que en las ciudades de Sevilla y La Habana, en Santo Domingo dicen tener los restos del cuerpo de Cristóbal Colón, pionero de los europeos en viajar a Latinoamérica.

El dictador Trujillo sigue siendo una presencia fuerte en Santo Domingo, y no por la popularidad de *La fiesta del Chivo* de Mario Vargas Llosa o *La breve y maravillosa vida de Oscar Wao* de Junot Díaz. Por más de veinte años la capital de República Dominicana llevó su nombre y su marca se mantiene en pequeños detalles: el nombre de las tapas del alcantarillado, varias calles de la ciudad y hasta grandes edificios públicos que antes fueron sus mansiones. No hay *tours* oficiales, pero basta pedirle al guía que hable de Trujillo para que el hombre se entusiasme mostrando las huellas del dictador que se huelen como pintura fresca.

Actualmente en República Dominicana vive más de un millón de haitianos, la mayoría de ellos en la capital. Venden sus artesanías en diferentes esquinas o en el mercado de Santo Domingo, donde se suele escuchar más francés que español. El béisbol sigue siendo el deporte más popular de República Dominicana. Los clubes de Estados Unidos contratan por millones de dólares a jóvenes menores de quince años, y muchos de los peloteros que se destacan en Santo Domingo pasan directo a la vida lujosa en Nueva York (donde, a su vez, viven más de un millón de dominicanos). Los domingos hay partidos en casi todos los diamantes de la ciudad, con asistencias que no bajan de las diez mil personas. En cualquier diario local, como *El Listín* o *Uno*, aparece el programa de cada fecha. La entrada en preferencial no pasa de los diez dólares y la mayoría de los deportistas tiene un único sueño: fichar en Estados Unidos.

El cantante Juan Luis Guerra, nacido en Santo Domingo, tiene un local de conciertos y bailes en la ciudad. El sitio se llama Café Concierto, aunque todos lo conocen como el Bachata Rosa. Funciona todas las noches, menos los domingos, y a veces el propio Juan Luis Guerra se aparece en el recinto y tararea alguna bachata frente a los asistentes. Muchos de ellos son turistas europeos: se les reconoce porque en una mano tienen un vaso de ron, y en la otra un habano dominicano recién desembalado.

El 27 de febrero de 1844, apenas cincuenta y tres años antes de que se comenzara a construir el Hotel España de Buenos Aires, comienza la independencia de la Corona española por parte del naciente Estado dominicano. Era el inicio de un país autónomo, al que le esperaban largas dictaduras e invasiones, y al que hoy visitan turistas extranjeros para disfrutar sus playas dentro de lujosas fortalezas: los hoteles «todo incluido».

7. Vivir de vacaciones

Estoy en un hotel con vista a una gran piscina y más atrás se ve el mar color esmeralda. La habitación es tres veces más grande que la del Hotel España, y tiene un minibar con botellas grandes. Los huéspedes se pasan la tarde bajo el sol, bebiendo piñas coladas o siguiendo los pasos de baile de una mulata en bikini. Estoy en un hotel cinco estrellas de República Dominicana, para contar una historia de vida en vacaciones.

Aquí nadie está pensando en la conquista de un nuevo mundo, ni en expandir un imperio, ni en evangelizar una nueva tierra. Este día, la mayoría de quienes están en la playa de Bayahibe siguen otro plan. Una minuciosa y elaborada planificación tras un objetivo que suele cumplirse: buenas y felices vacaciones. Nada más. Nada menos.

—Y esta noche hay una fiesta de disfraces, no te olvides —me dice Kareen, una alemana que hace ocho años trabaja para distintos hoteles de esta cadena española que tiene *resorts* por todo el Caribe. Kareen es una flaca de brazos gruesos y siempre anda vestida de jefa. Aprendió español de un novio colombiano, pero aquí adentro lo que más habla es inglés, alemán, francés e italiano.

Todo transcurre en una zona de República Dominicana llamada Bayahibe. Las playas parecen una escenografía, con arenas blancas como harina, parques naturales de belleza salvaje y un clima que dejaría cesante a cualquier meteorólogo: todos los días del año hay buena temperatura y aunque esté nublado, o lluvioso, siempre es recomendable andar con ropa ligera y un traje de baño en el bolsillo. Vida de vacaciones.

—Organizamos este viaje pensando en descansar y en no hacer nada más que eso. Entrar al hotel y dejar que nos atiendan —dice Rony, un francés con mal acento español, mientras nos cruzamos en el bar. Anda con su pequeña hija en brazos. Los dos nos pedimos una cerveza.

Rony vive en Barcelona, tiene una esposa española y revisó varios catálogos buscando playas. Mientras habla, en la barra de un bar donde los turistas podemos beber gratis, uno se lo puede imaginar en su departamento catalán: es una noche fría y sobre la mesa del comedor ha esparcido unos veinte folletos de *resorts* caribeños, la mayoría de capitales españoles, que le pasaron en la agencia de viajes. Junto a su mujer hace marcas sobre los mapas y anota detalles en una hoja: busca los que tengan mejor precio, mayor variedad de fauna submarina para bucear, menos probabilidades de un huracán. Su hija duerme, la temperatura baja, la decisión se acerca. En eso están, él y su mujer, revisando las mejores playas del territorio de los España, hasta que finalmente se detienen en un punto. Parece que han acertado en el destino, y comienzan a concretar su propio plan familiar: terminan eligiendo República Dominicana.

La vida de Rony, como la de muchos de los europeos que vienen a los «todo incluido» del Caribe, podría parecer una vida resuelta:

—La duda era saber si veníamos acá, o a Punta Cana, o a Cuba. Lo único claro era ir a un hotel donde no tuviéramos que hacer nada —comenta, y se empina la cerveza.

Dice estar feliz con la decisión final. Su mujer, que en estos momentos está en el *spa* del hotel en un tratamiento de dos horas, tampoco parece tener quejas. En realidad, cuesta ver alguna mala cara entre los pasajeros de los siete grandes hoteles de la zona.

—¿Y de qué te vas a disfrazar esta noche? —me pregunta. Esta noche es la fiesta de disfraces.

* * *

Si bien el escenario es totalmente diferente a la esquina de Tacuarí con avenida de Mayo, la zona de Buenos Aires donde está el Hotel España, la esencia es similar a cualquier vida de hotel: rápidamente se te olvidan los quehaceres del día a día. Si para Rony y su familia las vacaciones tienen que ver con olvidarse de los quehaceres domésticos, los que vivimos en un hotel estamos constantemente de vacaciones.

Las playas de Bayahibe no tienen las construcciones ni la marea humana de Punta Cana (plagado de hoteles gigantescos), ni tampoco las carencias hoteleras de Samaná (con cifras récord de prostitución infantil). Entre la sobrepoblación del primero y la sobreexplotación del segundo, está Bayahibe.

En el mundo de los viajes y las vacaciones, hay quienes ven el sistema de «todo incluido» como un dogma. Una creencia que siguen a pie juntillas millones de vacacionistas de todo el mundo, y de la que otros tantos desconfían ruidosamente. Una religión que despierta polémica y rivalidad. Una ideología donde los templos se llaman *resorts,* los sacerdotes se conocen como activistas o entretenedores, y cuya Tierra Santa está ubicada en pleno Caribe latinoamericano.

—Esperé mucho para venir hasta acá. Necesitaba el Caribe. Mi cuerpo me lo pedía a gritos —dice Francesca, con la misma convicción con que un aventurero místico hablaría de Calcuta. Luego se empina un daikiri limón que, de manera misteriosa, le acaba de aparecer en la misma mano que lleva puesta la cinta que la acredita como pasajera.

Francesca está perfectamente bronceada, escotada y divertida. Es italiana, como el cincuenta por ciento de los pasajeros que tienen copado el Viva Dominicus Resorts, en Bayahibe. Francesca trabaja como secretaria en un edificio viejo y frío de Milán.

—Hay gente que habla mal de los *resorts.* Tengo amigos a los que les gusta la aventura y me dicen que acá está todo muy programado y encerrado y fiestero. Que son fortalezas. Eso es mentira. Además, cuando uno trabaja duro todo el año y tiene pocas semanas de vacaciones, lo mejor es un lugar así. Acá se descansa de verdad. Nunca he descansado mejor que en uno de estos hoteles —y al rato desaparece abrazada a su toalla, porque ya está poniéndose el sol, y luego viene la comida, y en seguida los espectáculos nocturnos y al final de la noche, como todas las noches de esta semana, terminará la jornada dejándose tragar por la discoteca. La principal preocupación de Francesca es que la ropa le combine en la noche y eso, parece decir su sonrisa, suena a felices vacaciones. Para evitar una posible monotonía (si es que alguien se siente culpable con una monotonía basada en sol, playas, comida, bar abierto y fiestas), cada uno de estos hoteles organiza diferentes excursiones.

Una de las excursiones es visitar Altos de Chavón y el río Chavón. Altos de Chavón es la reproducción de un pueblo medieval construido en 1982 e inaugurado con un concierto de Frank Sinatra. La obra fue levantada por una compañía cinematográfica estadounidense. Por el río Chavón, en cambio, el asunto es más natural: uno puede toparse con iguanas de tamaño medio y con algunas cuevas con pinturas de la cultura taina, aunque el rumor dice que las pinturas fueron hechas hace pocos años cuando se ideó el plan de convertir la zona en el próximo Punta Cana.

Otra de esas excursiones es visitar el pequeño pueblo de Bayahibe, una comunidad rural de pescadores dominicanos donde el día se reparte entre la cerveza, el dominó, la pesca, los cigarrillos, la violencia familiar y alguna propina de los turistas que recorren el caserío con ropa de safari.

Muchos de los empleados del hotel, aquellos que se preocupan de las actividades domésticas para que nosotros no hagamos nada en las vacaciones, son de este pueblo. Hay dos puestos de artesanías, un bar pobre, niños sin zapatos y turistas que se toman fotos con los nativos para lo que será la foto pintoresca de su viaje. Cinco minutos en bus, con un guía del hotel, y ya estamos otra vez a salvo dentro de la fortaleza.

Si visitar el pueblo es visto como la actividad «cultural», el viaje hasta la isla Saona es el encuentro con «la naturaleza». Estrella dentro de las excursiones, el viaje a Saona (la isla más grande de República Dominicana, con ciento quince kilómetros cuadrados), promete ingresar a una reserva de la naturaleza. La isla forma parte del parque Nacional del Este y es de origen marino, con una terraza coralina con formación de cavernas y tres lagunas interiores. Aunque hay muchas zonas protegidas, pagando un extra se puede hacer *snorkel*.

El viaje a la isla de Saona se hace en el día, en unas lanchas ultra rápidas sobre las cuales uno rebota cuarenta minutos antes de llegar a destino. La excursión incluye un almuerzo tipo *buffet* en la única aldea de pescadores de la isla. De regreso al hotel, la caravana de lanchas se detiene en una de las piscinas naturales del parque Nacional. En una de las lanchas se activan los parlantes, y comienza a sonar merengue y salsa. Los turistas se bajan de las lanchas y, con el agua hasta la cintura, comienza el baile. Aparecen botellas de ron y vasos con cubata. Levantamos los brazos, aparecen las cámaras, una chica de bikini amarillo grita de felicidad porque vio una estrella de mar, el agua es tibia, los encargados de la excursión nos toman fotos para el recuerdo, un gordo de pañuelo en la cabeza se empina una botella de ron mientras sus amigos lo vitorean. Una pareja se besa, alguien que terminó su cubalibre se pone una mascarilla y empieza a bucear mientras sus amigos se ríen. Un ave larga sobrevuela nuestras cabezas en dirección a tierra, donde hay carteles que dicen que estamos en un parque Nacional y que esta es zona protegida.

* * *

Tras varios días en Bayahibe, en un plan de vacaciones perfecto, se pierde la noción de que estamos en República Dominicana. Dentro del hotel, los únicos periódicos a la venta son italianos y alemanes, y a nadie le importa quién es el presidente de República Dominicana o quién fue Trujillo. Pocos saben que en esta isla comenzó la historia del territorio de los hoteles España, y que el país es un Estado del archipiélago de las Antillas que ocupa más de dos tercios de la isla de Santo Domingo. O que la mayor fuente de ingresos del país no proviene de los recursos naturales ni la industria, sino de las remesas de dinero que envían los dominicanos en el extranjero.

—En Nueva York vive más de un millón de dominicanos, si tomamos en cuenta la descendencia. No hay otra ciudad del país, después de la capital, donde haya tantos dominicanos —dice uno de los entretenedores del hotel, llamado Micky, y mientras habla mueve las manos y la cintura como si estuviera obligado a darle ritmo a la conversación.

Lisa, su compañera de baile, es una mulata de pechos inflados sin silicona que se pasea en bikini todo el tiempo y por todos lados. Vive sonriendo, como si le hubieran tatuado en la cara unos dientes blancos, y así de risueña me dice:

—¡Tienes que ir a la fiesta de disfraces!

A los pocos minutos, está haciendo el mismo gesto coqueto a otro de los pasajeros, y luego le cierra el ojo a una pareja que anda de luna de miel. Lisa brilla como si recién se hubiera puesto aceite, lo que parece normal para alguien cuyo trabajo es sonreír, invitar a la fiesta de la noche, y no dejar que su piel se le seque.

Micky sigue hablando y moviéndose. Cuenta que él también vivió su etapa neoyorquina:

—Allá hay barrios completamente dominicanos. Pero acá no se les quiere mucho a los que se van. Se les mira de una manera extraña. Y cuando uno está allá, no es que sea *dominicanyork*, ni dominicano ausente, como se les dice acá, porque uno siempre está pensando en la familia y el país. Especialmente entre los días 25 y 30 de cada mes, o cada quince días, dependiendo de la paga.

Y sin dejar de moverse, cuenta que los días de pago en Nueva York hay filas larguísimas de dominicanos. Más del setenta por ciento de todos los inmigrantes latinoamericanos en Estados Unidos envían dinero a las familias que dejaron en sus países de origen. Sin importar que haya grados bajo cero ahí están, recordando la playa y el sol, esperando su turno inmigrante para mandarle dinero a esa parte de la familia que todavía no deja el territorio de los España.

* * *

En el *resort*, los días son calcados entre sí, y se repiten con la sincronía de una jornada laboral. Todos, aun los que no queremos hacernos cargo de las cosas domésticas, necesitamos algo de rutina:

«Meneses, ya son las nueve», se escuchaba al otro lado del teléfono, y si me había quedado escribiendo hasta tarde, respondía «ok, gracias», y colgaba para seguir durmiendo.

Aquí a las ocho de la mañana, de cada mañana, los turistas ya están tomando el sol junto a la piscina o a orillas de la playa. A las diez, después de un desayuno donde no hay fruta prohibida y abundan los diferentes tipos de jamones y fiambres, comienzan las actividades como las clases de buceo, campeonatos de dardo, gimnasia en el agua, trote o campeonatos de kayak. También parten las excursiones extramuros, como la que hará esa pareja que baja de su habitación vestida como para una excursión, seguramente con destino al pequeño pueblo de pescadores de Bayahibe. Por lo general se está de vuelta en el hotel a la hora de almuerzo. Tras un almuerzo donde la comida siempre sobra, como un banquete en la época de Trujillo, la tarde se pasa con una siesta (bajo el sol o en la habitación), y de atrás viene la tarde, larga y asoleada, con piscina y bar abierto y el grupo de entretenedores atentos al primer bostezo y obedientes cuando uno les dice que no, que gracias, amigo, pero yo vine a descansar y no necesito estar bailando todo el día, nada personal, más tarde voy a bailar un poco de merengue al lado de la piscina.

Con la puesta de sol viene el cambio de ropa para la noche, y luego el *show* y a bailar. Y ya viene el día siguiente, y otro. Hasta completar los cinco o seis o siete que incluye el paquete de pequeñas y merecidas vacaciones para olvidar la vida diaria.

* * *

Es de noche y por la ventana de la habitación solo se ven las luces del hotel, la piscina iluminada y las estrellas. Todo el resto está a oscuras: la playa, los guardias de seguridad que caminan armados y el mar, que se escucha cerca cada vez que rompen las olas. Por atrás de todo se cuela música, una salsa que está de moda en República Dominicana, y que viene del teatro al aire libre del *resort*. «Hoy en el teatro: noche de disfraces», decían los afiches que aparecieron colgados esta mañana, pero no tengo idea de qué disfrazarme. Por un momento pienso en disfrazarme de turista —estoy en este hotel de Bayahibe trabajando como redactor de viajes—, pero desecho rápido la idea. Disfrazarme de turista es una manera de seguir trabajando. En el *resort*, la fiesta de disfraces parece profesionalizada. Hay gente, como una pareja de francesas, que trajeron su disfraz de conejitas desde París. Y unos recién casados de México que se consiguieron, con alguien del hotel, un traje de Batman y Batichica: los dos caminan de la mano, enmascarados y enfundados en estrechos trajes de látex. Finalmente, decido ir al teatro disfrazado de algo que no moleste: periodista. Llevo la cámara de fotos y una libreta de apuntes. Camino hacia la música y las risas dentro de un *resort* iluminado ubicado en una playa y una ciudad a oscuras: Bayahibe. Sobre el escenario hay seis gordos, vestidos como Village People, que doblan la canción «In the Navy» mientras sus mujeres —disfrazadas de distintas cosas— se ríen y les toman fotos y los filman desde abajo. El animador, vestido como El Zorro, los despide con aplausos y bromas. Por el escenario revolotean las entretenedoras, disfrazadas como odaliscas.

Los únicos que no están disfrazados son los mozos, que toman pedidos y se mueven cargando bandejas con tragos de colores. Aunque seguramente, si sus amigos del pueblo de pescadores de Bayahibe los ven con estos zapatos brillantes y el corbatín negro, también les harían burlas por tan ridículo disfraz.

8

Mientras escribo esto tengo de compañeros de oficina a un gringo con sombrero vaquero que huele a repelente de mosquitos, una mujer de pelo rojo y boca mal pintada que le escribe a su hijo que vive como inmigrante ilegal en Europa, una ucraniana que chatea en cirílico y un rapero de diez años que mata y acuchilla enemigos jugando en red. Más allá, un oficinista que revisa con pesimismo su deslavado currículum vitae, una quinceañera de cigarro en la boca que habla con varios novios del *messenger*, una joven con cara de vendedora vieja que revisa una planilla llena de nombres al lado de los cuales alcanzo a leer: «No tiene interés, sí tiene interés, llamarlo el lunes, llamarlo el jueves, anda de vacaciones». Estoy en un locutorio de la avenida de Mayo.

Supongo que vivir en un hotel, sin mayor preocupación por lo cotidiano, ayudó al desarrollo de lo que llamo «periodismo portátil»: escribir desde cualquier sitio, para todos lados, y con la única preocupación de narrar historias reales de todo lo que va sucediendo.

Desde la primera época en que viví en el Hotel España de Buenos Aires, hablo de 2003, es que aparece formalmente la idea de la oficina portátil: vale decir, adoptar todos los cibercafés como una misma y única redacción fija, instalada en cualquier lugar. Una de las gracias de los locutorios de Internet ha sido conseguir lo que todavía no logra ningún plan económico, en tiempos en que abundan estos planes. El locutorio junta a oficinistas sin futuro con viajeros sin pasado. A empleados que sacan la vuelta con mochileros que dan la vuelta al mundo. Todos en un mismo lugar y por menos de un dólar la hora.

Al comienzo no sabía si alguna vez podría dejar el Hotel España, pero sí sabía que mi oficina eran los cíbers. Trabajaba en ellos en tandas que podían durar entre media y nueve horas. Lo mejor que tienen las oficinas de verdad, es que vemos todos los días a la misma gente. Lo peor de las oficinas de verdad es lo mismo: todos los santísimos días con los mismos malditos vecinos de escritorio. En el caso de los cíber, la felicidad tampoco es completa: nunca se ve una misma cara dos veces, con lo bueno y lo malo que eso trae. Aquí, como hoy, una tarde mi compañero de oficina puede ser un gringo con sombrero vaquero y que huele a repelente de mosquitos, o una mujer de pelo rojo y boca mal pintada.

Desde entonces me gusta pensar que esta oficina es invisible, y que si necesito guardar papeles en mi escritorio me basta entrar a la cuenta de *mail* que creé especialmente como cajón. Al día siguiente, lo primero que hago al empezar el día laboral es abrir el escritorio, que en este caso es una casilla electrónica.

La gran mayoría de los hoteles España de Latinoamérica no solo no tiene estrellas, tampoco tiene Internet. Seguramente, esa precariedad fomentó el plan de trabajar en los cíber. Más en Buenos Aires, una ciudad donde además del bife de chorizo a punto, el tostado mixto al desayuno, los partidos de fútbol en cafetería llena, los taxis y el psicoanalista al alcance de la mano, existen tantos locutorios de Internet. Así como en los países musulmanes hay una mezquita en cada cuadra, en Buenos Aires, donde hablar y transmitir es parte de la religión, no pasan cien metros antes de que aparezca un locutorio con cabinas telefónicas y computadoras con conexión a la red. Al menos, así ocurría cerca del Hotel España la primera época de mi vida ahí.

Cuando me fui de Chile para escribir historias reales, nunca sospeché que terminaría sin poder salir de un hotel de Buenos Aires, trabajando en locutorios públicos, e imaginando que la única manera de terminar con mi vida de hotel sería conocer Ciudad de México. Recorrer los hoteles España de Latinoamérica se ha-

bía transformado en mi propia búsqueda. Una indagación que era real y concreta, pero que también podía ser mi propio Hotel Existencia, como escribe Paul Auster en la novela *Brooklyn Follies*. Un sitio en el que puedes evadirte del mundo, en el que te ves capaz de todo y puedes hacer lo que siempre quisiste. Pero del cual, después no puedes salir. Harry Brightman, el personaje del Hotel Existencia dice: «Nunca había estado en un hotel, pero como había visto muchos por fuera cuando mi madre me llevaba al centro sabía que eran sitios especiales, fortalezas que protegían de la miseria y las mezquindades de la vida cotidiana».
Para él, el hotel representaba la promesa de un mundo mejor. Más que un edificio era una oportunidad. Y la ocasión de vivir dentro de los propios sueños. Nunca los veía como una posible pesadilla.

* * *

Es mediados de 2003 y en el café La Giralda de Buenos Aires me junto con Julio Villanueva Chang, editor de la revista peruana *Etiqueta Negra*. Acaba de llegar de Lima y estará una semana en Buenos Aires. Nos habíamos conocido en persona un año antes, cuando yo vivía en un departamento de Villa Crespo. La situación ha cambiado, y ahora estoy viviendo en el Hotel España.
—Oye, ¿de verdad tu hotel se llama España? —me dice.
—Sí, claro. En la calle Tacuarí.
—Oye, pero yo también viví en un Hotel España. En el Hotel España de Lima —me dice, y sonríe lanzando la cabeza hacia atrás y afirmándose los anteojos para que no se le caigan.
Julio vivió dos temporadas en el Hotel España de Lima. De la primera hay una prueba concreta: «La vuelta al mundo en un hotel», una crónica publicada en su libro *Mariposas y murciélagos*, de 1999. Ahí recopila parte de su trabajo como redactor del diario *El Comercio* de Perú. Una de esas historias fue pasarse tres días en el Hotel España de Lima, famoso enclave de mochileros venidos de medio planeta. El epígrafe de la crónica es de una canción de Los Prisioneros: «Y no me digas pobre por ir viajando así/ no ves que estoy contento, no ves que estoy feliz», y la primera frase del texto

es contundente: «El Hotel España tiene una sola estrella». En la crónica se leen frases como:

«El Hotel España admite pocas puertas con candado». «En la terraza del Hotel España queda la única habitación donde sólo cabe uno». «La entrada del Hotel España parece siempre cerrada, y los peruanos no se han dado cuenta de que adentro vive todo el mundo». «Los primeros viajeros llegaron cuando el Hotel España tenía sólo cinco habitaciones». «Hoy el Hotel España ha cumplido diez años». «Para los aventureros que pasan por Lima parece [que lo que más les ha gustado] es el Hotel España».

Esa fue la primera temporada.

—Después viví seis meses, por mi cuenta. Me llevé una maleta de libros, y me encerré a escribir una novela que nunca escribí —recuerda.

En un momento de aquel día, imaginamos un proyecto que incluya otros Hotel España. Uno en Colombia y otro en México.

La idea moriría pronto, pero me hizo ilusión imaginar que existiera un Hotel España en Ciudad de México.

9

Cuando uno camina por el centro de Lima, es fácil llegar al Hotel España. Está ubicado a un costado de la iglesia de San Francisco. Tiene un *hall* principal amplio, desde el cual se ven muchas puertas de habitaciones. Diariamente duermen allí más de cien personas, y basta un rato para ver el ir y venir de mochilas y guías turísticas. La mayoría son viajeros que de aquí se irán a ver las ruinas de Machu Picchu, a navegar por el río Amazonas o a conocer las islas flotantes de los uros, en el lago Titicaca.

El último *boom* limeño es la cumbia. Todos hablan de eso, y se escucha y baila en los barrios populares y en discotecas chic. Apenas uno llega a Lima, ve dentro del aeropuerto Jorge Chávez una gigantesca fotografía del Grupo 5 —la banda emblema de esta moda—, que bajo el auspicio de una compañía de telefonía celular da la bienvenida a la ciudad donde todos, tarde o temprano, hablan de un *boom*.

—Y además de la cumbia, hay un *boom* inmobiliario, ¿no? —pregunté.

—Claro, igual que en Caracas o Bogotá, pero acá los precios del metro cuadrado han subido en un porcentaje mayor que en las otras ciudades —me dijeron varios.

—También hay un *boom* literario, ¿no? —pregunté otra vez.

—Eso lo han dicho *The Guardian* y *The New York Times* en grandes reportajes. Citan autores jóvenes de reconocimiento internacional. Hoy Lima, incluso, tiene tantas o más editoriales independientes que Buenos Aires —me dijeron varios.

—También hay un *boom* gastronómico, ¿no? —pregunté otra vez.

—Ese es el principal. El auge de la comida peruana ha sido destacado en Estados Unidos, Europa y Latinoamérica. Han venido todos los canales de televisión de comida a hacer especiales. Nuestros chefs tienen fama internacional, la comida peruana ya es una marca mundial. Y también hay un *boom* interno. Hasta hace poco, los restaurantes limeños eran solo para la aristocracia. Hoy va mucha más gente, todas las semanas —me dijeron varios en estos días de recorrido en Lima, la ciudad donde la verdadera moda es la palabra *boom*.

Un sándwich. Después de varios días en Lima y su destape gastronómico, dan ganas de comerse un sándwich. En estas jornadas he probado cebiches con salsas de colores, cortes de *sushi*-fusión con mezclas insólitas, carnes agridulces, chupes boutique, nuevo ají de gallina y todo tipo de chifas (en Lima hay más de tres mil chifas, como le llaman a los restaurantes chinos). Por eso, este mediodía de domingo, solo quiero un bendito sándwich.

Camino por la avenida Comandante Espinar, rumbo al óvalo Gutiérrez, donde hay un multicine, una iglesia y un casino lleno de tragamonedas. En el número 651 de Comandante Espinar hay un cartel enorme que dice «Sanguchería». Es lo que ando buscando, para dejar de sentirme un *cebiche-victim*. El lugar es moderno, tiene cajeras que hablan por micrófono y diferentes tipos de sándwiches. El sitio se llama Pasquale Hermanos, así que pido «un lomo saltado Pasquale, para comer aquí, y una Inca Kola».

Salgo pensando que, aunque sea por una comida, he podido escapar del *boom* gastronómico. Horas más tarde, descubro que no ha sido así. Sucede cuando le comento a un amigo limeño que almorcé en Pasquale.

—Ah, claro, esa es la sanguchería de Gastón Acurio —me dice, nombrándome a la persona más famosa del auge internacional de la comida limeña.

Acurio, que ha formado una suerte de imperio internacional a partir del cebiche, ya conquistó las ciudades de Santiago, Caracas,

Bogotá, Quito, Buenos Aires y Distrito Federal, todas capitales del territorio de los España; y Madrid, en España. El chef siempre está presente en esta nueva Lima. Tarde o temprano aparece Acurio, como si aquí todos fuéramos pececitos de su acuario. Es difícil explicar el repentino auge de una comida ancestral como la peruana. Una gastronomía con influencias de cuatro continentes y que ha logrado, gracias a su fama, darle identidad a Lima. Perú siempre ha atraído a una gran cantidad de turistas extranjeros, pero hasta hace unos años, los visitantes apenas pasaban unas horas por Lima. Hoy se quedan, en promedio, tres noches. Es decir, tres cenas. Hay turistas, incluso, que viajan siguiendo *tours* gastronómicos en Lima y en otras provincias del Perú. En esta capital se consume comida local como en pocas ciudades del mundo. Para algunos, Perú está haciendo con México lo que España hizo con Francia: acabar con el monopolio de hacer la mejor comida de un continente.

En la Lima de hoy, los restaurantes han adquirido un estatus que va más allá del gastronómico. Esta noche, por ejemplo, el famoso restaurante Pescados Capitales tiene la cocina cerrada y sin embargo está repleto de limeños. El motivo es la presentación de un conjunto de cuentos ambientados en los años de sendero Luminoso. Es decir, la Lima de ayer.

—El libro refleja muy bien esos años de bombas, de apagones, cuando en mitad de la noche Lima se iluminaba con los reflejos de una nueva explosión. Hay un cuento donde el protagonista está en su casa, en mitad de un apagón, y en eso entran unos terroristas con linternas y le alumbran la cara —dice uno de los encargados de presentar el libro.

Sobre las mesas del Pescados Capitales hay copas y botellas de vino. El bar está abierto y luego de los discursos comienza una fiesta en el restaurante. Todos parecen felices de que ya no exista toque de queda militar contra el terrorismo.

Un comentario me sorprende:

—Escribir de Sendero Luminoso se está convirtiendo en nuevo *boom*.

Como si por fin, en la distancia, se pudiera escribir con independencia de una guerra civil interna.

La independencia peruana viene de antes. Perú firma su emancipación de España el 28 de julio de 1821. El movimiento independentista era comandado por el general argentino José de San Martín, que venía de Chile. El acta llamaba al nuevo país República del Perú.

Ese mismo año, 1821, declaraba su independencia de España la República de Zulia, que actualmente forma parte de Venezuela. En esos mismos meses sería el turno de Panamá, Costa Rica, El Salvador, Guatemala, Honduras y Nicaragua.

Como muchos de los pasajeros del Hotel España de Lima, mi estadía en la ciudad es una escala breve para seguir de viaje. El destino era el aeropuerto de Juliaca, de ahí a la bahía de Puno, para conocer las islas de los uros, sobre el Lago Titicaca.

10. Vivir a flote

La salida del hotel fue temprano en la mañana. Después de un desayuno de frutas y dulces, para contrapesar el dolor de cabeza por la altura. Todo sucede sobre el lago de agua dulce más alto del mundo, donde vine a contar una historia de vidas a flote.
«Armando Mendoza, por favor», dice un tipo de bigote blanco, corbata y maletín que acaba de entrar a la oficina. «El señor Armando ahora está ocupado», responde su secretaria, que no es otra que Betty, la fea, la secretaria bigotuda y de anteojos transformada en el último gran referente exportable de Latinoamérica. La escena sucede dentro de un televisor. El aparato que transmite lo que sucede en las oficinas de EcoModa es un Sanyo en blanco y negro, y los telespectadores pegados a la pantalla son miembros de la comunidad más antigua del Titicaca: los uros.
Estoy arriba de una ciudad flotante, a 3.856 metros de altura, con gente que habla el uro puquino (dialecto mezclado con aymará y quechua) y niños con la cara endurecida por el clima. Sí, y todos ellos están pegados a la tele viendo *Betty, la fea.*
«La luz nos cambió la vida», comenta Manuel, que es el jefe de la isla Santa María (cada uno de los más de cuarenta islotes tiene nombre propio y un jefe que dirige los destinos de las familias a bordo). La electricidad llegó a los uros hace varios años, cuando El Chino, como acá le dicen al ex presidente Fujimori, en plena campaña electoral, sembró todas estas islas con paneles solares.

«Fujimori nos había prometido la luz en 1996, cuando vino con muchas cámaras de televisión», recuerda Omar, y se refiere a la visita que realizó el ex mandatario en febrero de ese año. Esa vez, el Chino viajó hasta la isla de los uros acompañado por la hija de Julio Iglesias, Chabeli. En esa oportunidad, ambos posaron para la prensa y su foto apareció más tarde en diarios de Miami, en la revista *Hola*, y en muchas publicaciones de Latinoamérica. Una instantánea de sonrisas, con Fujimori y la hija de Julio Iglesias luciendo trajes típicos y remando sobre una canoa de totora.

Chabeli no ha sido la única española famosa que vino a bendecir la isla con su presencia. Kitín Muñoz, el español que vendió a buen precio la idea de llegar a la Polinesia arriba de la balsa de totora *Mata Rangui*, también pasó por acá. Fue en 1988, cuando Muñoz realizó la «Expedición Uros». Seleccionando uno por uno los tallos de totora, un equipo de indígenas construyó una embarcación de veinte metros a bordo de la cual se embarcaron Kitín y sus compañeros. Entre el 29 de junio y el 22 de agosto de 1988 atravesaron el océano, desde el puerto de Lima a las Islas Marquesas.

La idea no era un concepto nuevo con la *Mata Rangui*. En los años cuarenta, el noruego Thor Heyerdhal construyó una balsa idéntica a las de los antiguos indios uros y partió rumbo a la Polinesia. Era la «Expedición Kon-Tiki», con la que se propuso demostrar que estas islas habían sido pobladas por peruanos capaces de atravesar el Océano Pacífico hasta llegar a ellas con unas frágiles embarcaciones hechas de juncos, y con la única ayuda de vientos y corrientes a favor.

Esa fama ganada por los expedicionarios ha convertido a la totora del Titicaca en una materia prima de fama mundial. En persona, en directo, tocándola con las manos, uno comprueba que se trata de un junco de tallos flexibles y largos, que pueden alcanzar hasta tres metros de altura. Crece en forma natural en el lago, transformándose históricamente en un material indispensable para la vida de los uros.

* * *

Muchas veces he pensado que vivir en el hotel es estar a flote. Ella me lo dijo varias veces: «En el España estás flotando». Sin embargo, cuando uno ve en directo a los uros, se da cuenta que vivir a flote es otra cosa.

Cuando la lancha se acerca por primera vez a las islas, alguien grita «¡ahí están!». Y se ven. Cada vez más cerca. Una casa, y otra y otra. Todo un barrio flotante. Casas y niños y viejos que nos saludan desde sus casas de totora, con suelo de totora y patios de totora, flotando sobre el lago navegable más alto del mundo. Los turistas europeos, con preponderancia de franceses y españoles, disparan las cámaras una y otra y otra vez, mientras la lancha se acerca hasta uno de los muelles del pueblo flotante de los uros, comunidad de origen aymará famosa por estas islas artificiales donde viven en condiciones de extremo aislamiento. Como encerrados en su propia vida de hotel.

Atracamos, y apenas pisamos totora, se nos abalanzan familias enteras para ofrecernos su artesanía típica. Los niños estiran sus manos secas de tanto sol, y solo repiten una y otra vez la palabra dólar. En América Latina viven actualmente alrededor de cuarenta millones de indígenas, y se estima que entre quince y dieciocho millones de ellos son niños.

La imagen es sorprendente: arriba de unas balsas flotantes donde hay casas y mercados, una docena de turistas compra artesanía a los habitantes de una milenaria comunidad indígena. El lago color azul marino, de aguas heladas, ni se entibia con el sol que pega seco y duro y raspa la cara a causa de la altura. Entre el agua y el sol, barrios artificiales de color amarillo que flotan cargando artesanos y turistas. Empleados y pasajeros.

El lugar escogido para establecer estas islas de totora está en relación al lago, ubicándose a casi dos metros del suelo (esto permite anclarlas con piedras gigantes a la tierra). Cuando uno recorre las islas, da la sensación de estar caminando sobre un colchón. Este mismo material, tejido hábilmente y sin clavos, les ha servido para construir los techos, las paredes, las puertas y las embarcaciones. También, para armar una historia de esfuerzo y abandono, que los operadores turísticos han transformado en una lucrativa ficción.

«Tenemos sangre negra», dice Rosa, una mujer con el rostro negro y duro (por el sol que pega fuerte y por el frío de la noche, que apalea con grados bajo cero). Rosa está vestida con ropas típicas y entre sus brazos sujeta a un niño, su hijo, que pese a la corta edad ya tiene los cachetes duros como cartón.

Rosa no es la única que asegura tener sangre negra, aunque se asusta cuando el guía le pide que se haga un corte para mostrar su tinte sanguíneo. No hay pruebas a la vista, pero en la tradición de esta comunidad se da como un hecho. Únicamente con este tipo de sangre, dice el guía frente a los ojos de sorpresa de los europeos, se puede soportar bien la altura, el sol y el frío. «Vaya, sangre negra», repite una pareja de valencianos en luna de miel. Sangre negra proveniente de los primeros uros. De mucho antes de la llegada de Colón, o de las independencias de Latinoamérica, o de que se construyera alguna vez un hotel llamado España.

Manuel, el jefe de la isla, trata de dar algunas señales. Con un acento cerrado y mirando el piso, dice: «Nos han dicho que nuestros glóbulos rojos son oscuros. Dicen que es por nuestra comida, porque nosotros comemos mucho chullu». El chullu del que habla Manuel no es otra cosa que el tallo de la totora. La preparación es simple: al quitar la corteza del junco queda una sustancia blanca, fibrosa, prácticamente sin gusto, que se mezcla en el sartén con pescados (pejerrey, umanto y trucha), todo esto calentado a fuego. Fuego que se inicia con la totora seca. Aunque desde hace unos años, desde la promesa de Fujimori junto a Chabeli Iglesias, ahora la mayoría cocina la tradición en anafres eléctricos.

* * *

Puno está cerca. Es la ciudad grande, donde los uros van de compra los fines de semana. Ubicada a 3.830 metros sobre el nivel del mar, Puno fue fundada en 1668 y es considerada por muchos como la capital folclórica de Perú. Su ubicación estratégica entre las ciudades de Cuzco y La Paz la ha convertido en paso obligado para los mochileros que recorren Sudamérica. Aquí atraviesan de Perú a Bolivia.

Según la mitología, los fundadores del Imperio inca salieron de las aguas del Titicaca y caminaron hasta el Cuzco en donde se establecieron y fundaron la capital del imperio. Sin embargo, más allá de la mitología, en Puno la vida corre calurosa y lenta. «Nos tienen abandonados», dice Omar, un vendedor ambulante que lleva la camiseta de Alianza Lima. Con la cara de alguien que mastica un chicle amargo, dice que el resto del Perú y las autoridades de Lima se han olvidado de Puno. Dice que las pocas veces que su querido Puno aparece en la televisión nacional es cuando hay algún motín, o un linchamiento, o huelgas de hambre o manifestaciones de familiares de los detenidos en la cárcel de Yanamayo, en las afueras de la ciudad, y donde cumplen cadena perpetua muchos líderes del Movimiento Revolucionario Tupac Amaru (MRTA) y de Sendero Luminoso. El sol, el frío, la sequedad, la altura y el abandono de la zona fueron determinantes para pensar en Puno como destino final de una cárcel segura. Aunque la mayoría de la gente que vive aquí nunca cometió un delito.

La mayoría de los turistas que llegan hasta acá son europeos, quienes pese al malestar de la altura y del clima, aterrizan en el aeropuerto de Juliaca con las maletas llenas de libros de la cultura incaica y con guías especialistas en el altiplano.

Arriba de las islas, una vez que se cruza la barrera de la venta de artesanía y los niños pidiendo dólares, es común toparse con pájaros muertos, sin plumaje, que esperan dentro de ollas negras para ser embalsamados. Los uros, además de vivir a flote y ver *Betty, la fea,* son expertos en la taxidermia. En la mayoría de las islas hay un museo, dentro del cual uno se puede fotografiar con las aves embalsamadas. Después del clic, te acercan un tarro para la propina.

En todo el día la propina está presente. No hay rincón donde, más temprano que tarde, no aparezca una mano estirada para recibir una ayuda. Las visitas generalmente son a mediodía. A esa hora, no es raro ver lanchas repletas de gringos-cámara-al-cuello que bordean los islotes disparando sus cámaras digitales. Aunque en el fondo, tanto los pasajeros como los empleados de esta historia, sepan que no todo es cierto. Sin bien las islas de los uros tiene fama mundial como destino de viaje, muchos en Puno aseguran que todo el tema de las islas no es más que una fachada de los operadores turísticos. Dicen que en la noche los habitantes de las islas se van a dormir a Puno, donde tienen extensos terrenos que les ha donado el gobierno peruano por su apoyo a la industria turística. Toda una puesta pensada para mantenerse a flote.

En la noche, de vuelta en el hotel, todos los turistas compartimos fotos de la isla y se comenta lo insólito, lo extremo, y lo alucinante de esta gente que vive entre totora y flotando. A la misma hora, cuando no hay visitantes cerca, se cree que los habitantes de los uros esperan el bote que los llevará de regreso a Puno. Ahí donde tienen la cama, donde guardan sus artesanías, donde comen papas fritas con *ketchup* y cuy. Y a donde los pasarán a buscar de madrugada para volver a la isla con el primer rayo de sol. Instalados, otra vez, para el inicio de una nueva puesta en escena turística. Un trabajo actoral que se hace más llevadero, si en la rutina los acompaña Betty, la fea, esa secretaria horrible y famosa que diariamente los visita en estas islas de totora que flotan en un lago del territorio de los España.

Hotel España
Teatinos 453, Santiago, Chile

1

Es octubre de 2003 y me registro en el Hotel España de Santiago. El lugar parece reciclado hace poco. En la decoración y el diseño se nota entusiasmo y pretensión. Me saludan con amabilidad y distancia, y me anotan los datos en un computador. No cuento que vivo en el Hotel España de Buenos Aires, donde los datos se anotan en un libro verde. El flaco que carga mi equipaje para llevarlo al cuarto me pregunta, en el ascensor, de qué país soy.

—De aquí.

—Ah, es que tiene un acento medio raro —me dice, mientras me presenta la habitación. Un cuarto amplio, interno, con poca luz y la ventana en dirección a un edificio. El televisor está colgado en el techo y el piso tiene una alfombra que va de muro a muro. Las toallas del baño dicen: Hotel España.

Es un octubre caluroso. A pocas cuadras del hotel está la estación Mapocho, un viejo terminal ferroviario hoy convertido en centro de eventos, donde se está desarrollando la Feria Internacional del Libro de Santiago. He venido a Santiago a presentar, por primera vez en mi vida, un libro propio: *Equipaje de mano,* cuya primera edición acaba de salir publicada en Chile. El libro tiene diez crónicas de viaje, y todas las correcciones finales las hice en la habitación 54 del Hotel España de Buenos Aires. En los días de cierre del libro había viajado a Buenos Aires mi amigo Francisco Mouat, escritor y periodista chileno. Cuando pasó a buscarme por el hotel, todavía estaba escribiendo sugerencias y marcas en el texto. Subió a la 54, me esperó mientras yo anotaba los últimos detalles sobre las galeras, metí todas las hojas en un sobre, afuera garabateé la dirección y el nombre de mi editor, nos fuimos a comer una pizza al Palacio de la Pizza en la calle Corrientes, y luego él regresó a Santiago con las últimas correcciones de *Equipaje de mano*. Ahora, varias semanas más tarde, estaba en el Hotel España de Santiago, para el lanzamiento.

El Hotel España de Santiago está al lado del antiguo Congreso de la Nación, clausurado el día que Augusto Pinochet mandó a bombardear La Moneda y tomó el poder tras su golpe de estado, y frente al palacio de Tribunales de Justicia. Alguna vez, este hotel fue parte de los que dieron acogida a inmigrantes españoles recién llegados. Pero de eso ya ha pasado más de medio siglo, durante el cual el edificio estuvo semiabandonado y ahora luce con orgullo su última remodelación.

El día de la presentación del libro salgo del Hotel España con dirección a la estación Mapocho, pero en la mitad del trayecto doblo a la derecha, y aparezco en Bandera, la calle de los cabarets baratos y de los *topless,* donde venía con mis compañeros de colegio en la época de los milicos. La mayoría están clausurados, y en su lugar han puesto tiendas de ropa usada, locutorios con descuentos a las llamadas a Perú o «cafés con piernas»: las famosas cafeterías de Santiago, esparcidas por todo el centro de la ciudad, donde las mujeres atienden en ropa interior.

Por Bandera camino hasta Huérfanos, una de las peatonales, y en seguida camino por el paseo Ahumada. Recorro los mismos caminos tantas veces andados, días y tardes enteras de hace muchos años en que vagaba por el centro pensando que era hora de viajar, de salir de aquí, de dejar aquel laberinto en el que era un extranjero sin serlo. Una época donde mis días se reducían a viajar treinta minutos hasta el centro, para caminar y caminar imaginando que alguna vez podría irme a contar historias. Salir, volar, dormir en hoteles, viajar y escribir.

Después del recorrido entro a la estación Mapocho. El salón de la presentación es pequeño, y no está lleno. Veo a mi familia, algunos amigos y gente de la editorial. Me presentan a Francisco Mouat y Gabriel Sandoval, editor del libro. Estoy un poco nervioso, pero logro relajar el ambiente cuando cuento que vivo en el Hotel España de Buenos Aires.

—Y para sentirme en casa, me vine al Hotel España de Santiago —y veo las risas de los asistentes; en primera fila, mis padres. Al día siguiente de la presentación me hacen un par de entrevistas. La primera vez en mi vida que doy una entrevista, sucede en un salón del Hotel España de Santiago. Recuerdo que, en todas las notas, conté que vivía en el Hotel España de Buenos Aires, y que estaba en el Hotel España de Santiago porque mi idea era conocer todos los hoteles España de Latinoamérica. Era fines de octubre de 2003, y lo decía convencido. Sin embargo, había un problema. Pocas semanas antes, Julio Villanueva Chang me había contado la desgracia: los contactos de Bogotá y Ciudad de México le respondieron diciendo que en sus ciudades no existía ningún Hotel España.

Cuando escuché que en D.F. y Bogotá no había Hotel España, fue un momento duro. Aunque supuse que debía haber un error. Quizás no eran buenos hoteles, tal vez no estaban en las guías telefónicas, pero aunque se tratara de pocilgas tenían que existir. Y no sólo tenían que existir, debía conocerlos para culminar el viaje. Sólo recorriendo los hoteles España de Latinoamérica, me inventé, podría dejar mi propia vida de hotel.

2

—Nunca me canso de viajar. Por el contrario. Con tres días en Santiago ya me empiezo a desesperar. Me pongo como tonto. Mi familia me pregunta: «¿Por qué no te vas de viaje luego?» —decía Ricardo Thomas, El Gringo, mientras manejaba su camioneta por la ruta y el viento nos despeinaba a todos.

Salíamos de Santiago por la carretera 5 sur. Además de Ricardo Thomas, se sumaba al viaje Marcos Ayala, otro vendedor tan lleno de anécdotas como El Gringo. Ninguno de los dos dejaba de soltar historias, como esa vez que inventaron una pelea para arrancarse sin pagar de un prostíbulo de camioneros. Marcos Ayala se encargaría de recordar —muchas veces— durante el viaje, su día de mayor gloria: unos años antes, cuando era más flaco y todavía soñaba con los escenarios y no en la camioneta en la que vende pueblo por pueblo del sur de Chile, había ganado un reñido concurso de televisión de imitadores de Sandro. Ayala hablaba moviendo los dedos de su mano gorda, y uno podía imaginárselo suplantando al legendario cantante argentino conocido como «Sandro de América». El Elvis Presley latinoamericano.

La primera vez que estuve en un Hotel España de Chile fue con El Gringo y Sandro, aunque entonces no imaginaba este proyecto. Por esa época todavía no me dedicaba al periodismo portátil y vivía en Santiago. Fue una casualidad pasar por el Hotel España de la ciudad de Rancagua y dormir en el Hotel Español de la ciudad de San Fernando, porque en ese viaje todavía no coleccionaba este tipo de hoteles.

La idea de viajar con ellos había surgido un par de semanas antes. Era un viernes de invierno, estaba oscuro y caminábamos por el estacionamiento del diario *El Mercurio* con Francisco Mouat, que en esa época era el editor de la *Revista del Domingo en Viaje*. Le dije que tenía un tema, como le decía siempre. Seguimos caminando. Le dije que era un buen tema, como le decía siempre. Seguimos caminando. Y entonces le solté la idea: irme de viaje con unos vendedores viajeros, con dos viajantes, con un par de personas cuyo trabajo consiste en recorrer un pueblo tras otro contando historias para vender productos. Pancho Mouat detuvo ese pesado acorazado que es su cuerpo. Me miró serio unos segundos, como si le estuviera bromeando, y luego soltó una sonrisa y me dijo: «Lo hablamos el lunes».

Oficialmente, no era un buen tema. Las revistas de viajes de los diarios se dedican a los grandes destinos. A las playas de moda, a los cruceros modernos y a esos hoteles «todo incluido» que gustan tanto de auspiciar y de los que hay tantos en Latinoamérica. Pero cuando uno propone escribir una historia, más que pensar en los auspiciadores, es porque en ella se cuelan nuestros propios temas. Mirando hacia atrás, convivir una semana con tipos que viven viajando y vendiendo, no me haría sentir tan extranjero.

El Gringo y el imitador de Sandro eran vendedores de cremas, camisetas, champú, golosinas, jabones. Dos tipos regordetes, vestidos con chaquetas gastadas, corbatas opacas, y amigos de toda la gente que se nos cruzaba por la ruta: la que atendía la parrilla cerca de Rancagua, el que nos llenó el tanque de gasolina en Talca, el dueño del hotel de San Fernando.

—Mi familia me pregunta: «¿Por qué no te vas de viaje luego?» —decía El Gringo, repitiendo una vez más esa anécdota en que la familia le pide que él vuelva a salir de viaje. Un tema que no parece nuevo. En *La muerte de un vendedor viajero*, la famosa obra de Arthur Miller, bautizada originalmente como *Death of Salesman*, y traducida en la mayoría de los países de habla hispana como *La muerte de un viajante*, se habla de la extraña relación de los vendedores viajeros con sus familias.

—Es difícil, pero como en la vida, uno se acostumbra a todo. Uno se acostumbra a no estar, y ellos a que uno no esté —dijo Ayala con voz de Sandro.

Verlos en acción era un espectáculo. Le coqueteaban a la vieja del principal emporio del pequeño pueblo chileno llamado Roma, o soportaban heroicos las pesadas bromas del encargado de compras de un supermercado de Santa Cruz, o se mostraban cariñosos con la familia que atendía la modesta pensión donde nos quedamos a dormir en Romeral.

—La libertad en este trabajo es impagable. La tranquilidad. Uno se hace su propio horario. En definitiva, dependemos de nosotros mismos, entre más ventas más ganancias. Todo es a porcentaje —explicaba El Gringo, en uno de esos largos almuerzos durante la gira.

Habíamos pasado por el Hotel España de Rancagua, una vieja construcción de un solo piso en la avenida San Martín. Pese a su fachada amarilla que lucía banderas internacionales, pocas veces recibía extranjeros. En el Hotel Español de San Fernando, a 350 kilómetros al sur de Santiago, nos esperaba Emilio Muse: un canoso hijo de inmigrantes con más de setenta años y dueño del hotel desde 1949. Todos los vendedores lo conocen como El Tío.

—Por aquí han pasado tres generaciones de vendedores. Desde la época de oro, cuando estos gallos trabajaban dos días al mes y el resto era fiesta, hasta hoy, en que a los pobres los tienen tan cortos que no les queda tiempo para nada —decía el dueño del hotel, mientras nos acomodábamos en las habitaciones.

El hotel tenía aspecto colonial, y un restaurante con un televisor grande, donde los viajantes veían las noticias del día o los partidos de fútbol. Todos se quedaban una noche, antes de seguir. Entre tantas idas y vueltas hoteleras, el lazo ya se había definido.

—El Tío es lo máximo. Se porta increíble con nosotros. Te dice si se te está pasando la mano o te invita a tomar un trago a su oficina si te ve bajoneado. Es un verdadero padre —dijo uno de ellos dentro del Español de San Fernando.

Semanas más tarde, los dos vendedores aparecieron en la portada de la revista de viajes. Como en muchas de estas historias, nunca más volví a saber de ellos.

3

Una vez me preguntaron de una revista, para la sección «Recomendaciones», si tenía algún libro que fuera mi compañía en los viajes. Les respondí que no. Expliqué que no hay un único libro que ande llevando cada vez que tomo un taxi a un aeropuerto y luego en el *check-in* y más tarde en la sala de espera y después en el asiento del avión y de ahí en taxi al hotel y de ahí a la habitación con vista a la ciudad y de ahí a los paseos por el destino viajero hasta regresar a casa. Después, por cierto, me he dado cuenta de que la respuesta era equivocada.

Podría haber dicho, por ejemplo, que hay un libro con el que salí de Chile y que me acompaña hasta hoy. Si bien nunca lo llevo a los viajes, debe ser el único que siempre llevo cuando me mudo de casa, de barrio, de ciudad o país. Un libro que me compré en febrero del 93 (lo escribí en la segunda página) y que no he dejado en ninguna mochila, ni en alguna caja, ni menos he regalado; los tres destinos clásicos de los libros de alguien que no logra encontrar su sitio. Si bien no lo llevo en cada viaje, sería un exceso, siempre lo he tenido más a la mano que el resto. No pasa mucho tiempo sin que lo vuelva a leer y he llegado a pensar, por ridículo que parezca, que aunque viva en el hotel más perdido del planeta teniendo ese libro cerca, sobre la mesa o en el cajón del velador, todo tiene algo más de sentido y hasta las más terribles catástrofes tienen su momento de paz.

El libro se llama *A partir de Manhattan* y es del poeta chileno Enrique Lihn. Fue publicado en 1979 por Ediciones Ganymedes, de Valparaíso, cuando el autor cumplió cincuenta años. Los poemas del libro, como dice Lihn al comienzo, fueron escritos entre febrero y diciembre de 1978. Años negros para el país, tan negros como la tapa negra del libro, en una de cuyas esquinas aparece Enrique Lihn con sombrero de copa mirando a la cámara por sobre unos anteojos de aumento.

A partir de Manhattan tiene varias particularidades. De partida, es un libro de poemas, es decir, una publicación destinada al fracaso más absoluto, al olvido prematuro, al ninguneo de esa despreciable fauna llamada editores de suplementos culturales. La otra gracia, la que más me gusta, es que es un gran libro de viajes.

Gracias a que se ganó una beca Guggenheim, Enrique Lihn pudo viajar a todos los lugares que describe en el libro. Poemas in situ, que dan una nueva mirada a ciudades hiperreconocidas y de las cuales ya se escribió tanto. Ahí está, por ejemplo, el Nueva York de su poema «Vieja en el subway»: «La piel es ya de trapo y empaqueta la carne/ desmigajada como si fuera estopa o aserrín./ La cabeza ha dejado de alzarse sobre el cuello rígido/ y curvo como un asa; pero viaja en el subway/ a velocidades incomprensibles para ella».

O en el caso de «Una canción para Texas», donde se lee: «Bajo la luna de Texas, más grande que en cualquier otro cielo del mundo/ Donald se mirará, meditabundo, la punta de sus botas puntiagudas. / Puede que piense con toda seriedad en emigrar/ a una región menos vasta/ donde haya lugar para un pequeño proyecto».

O en «Voy por las calles de un Madrid secreto»: «Voy por las calles de un Madrid secreto/ que en mi ignorancia sólo yo conozco: nadie que lo conoce lo ve así».

Siendo un libro de viajes, no podían quedar afuera los hoteles. En «A partir de Manhattan» viene un poema que habla sobre un hotel de España, el Santander de Madrid.

Hotel Santander, Madrid

Como en una pintura de Gutiérrez Solana
el ambiente es modesto
pero el corazón grande de cortinas
que sofocan la luz que viene del balcón
y las que se levantan las puntas de las faldas
entre cámara y recámara.
El armario no falta, como un ataúd para varias personas, el
neceser y los espejos, el diván, la mesita ovalada
el color sombrío de las cosas y un frío de verano que asusta.

En la página que sigue a «Hotel Santander, Madrid», viene un poema llamado «Nunca salí del horroroso Chile».

4

En el salón de conferencias de la Hostería Ancud, en Chiloé, no entra un peluquero más. El aire está saturado por una nube de laca y fijador. Si alguien decide encender un fósforo, lo más seguro es que con tanto químico el auditorio explote. Se trata, ni más ni menos, del Primer Encuentro Técnico Comercial de Peluqueros realizado en décadas. Aquí, entre abultados peinados y asistentes nerviosos, José Martínez, el promotor del encuentro, lanza una frase que parece ensayada durante varios días: «El propósito de esto es crear una organización, una *atelier* que pueda regular estilos, precios y asuntos gremiales dentro de la isla».

La isla de Chiloé es uno de los principales destinos turísticos del sur de Chile. Un lugar famoso por su arquitectura, por la comida, por las artesanías y, en especial, por sus leyendas y costumbres ancestrales. Sin embargo, la famosa tradición chilota también puede buscar modernizarse y estar con los tiempos que corren. Al menos, eso es lo que parece estar ocurriendo en esta convención de peluqueros.

José Martínez, el promotor, lleva varios meses planificando hasta los detalles más mínimos de un evento que, «Dios mediante», promete ser una actividad inolvidable para la comunidad peluquera de la isla. Para darle mayor glamour al encuentro, la demostración de los nuevos cortes está a cargo de «tres estilistas internacionales» invitados desde Los Ángeles, octava región de

Chile. Dos hombres y una mujer (más una asistente y un improvisado camarógrafo) que viajaron en bus toda la noche para llegar a tiempo a la cita. Gina Flores es la mayor de la *troupe:* cuando salta al escenario, seria, muy profesional, jala del moño de la modelo y le grita a la concurrencia: «Ustedes nunca se tienen que agachar. La peluquera trabaja parada y no se puede estar cansando, es la cliente la que se tiene que mover. Tenemos que hacernos respetar». Las asistentes (en un noventa por ciento son mujeres) siguen el trabajo de Gina con el entusiasmo de buenas alumnas. Algunas de las peinadoras conversan en voz baja, preguntan cómo se hizo tal o cual peinado y se maravillan con los distintos trenzados sobre la cabeza de las modelos.

Según el programa de actividades a las 13:30 hay un almuerzo. Un aro en la maratón de estilistas donde se intercambian opiniones y anécdotas sobre las cabezas isleñas (los pelos duros, la timidez de algunas mujeres y los primeros hombres que se están atreviendo a teñir sus canas). Por los ventanales de la hostería se ve el mar y un bote con dos pescadores en plena faena. Después de todo, y aunque la estética se haya tomado el salón con sus peinados modernos sacados de revistas de Estados Unidos, estamos en Chiloé.

Ancud fue la capital de la isla hasta principios de los ochenta, cuando la regionalización promovida por la dictadura militar trasladó a Castro el centro político de Chiloé. Pero aunque hoy Ancud está más reducida, sus veintisiete mil habitantes siguen sintiéndola como la verdadera capital cultural y de la moda de la isla.

—En Santiago piensan que acá se van a encontrar con puras personas con ojotas y ponchos y pluma, pero eso es mentira. Acá hay mucha gente fina —remarca Rafael Pacheco en la puerta de Pecos, una peluquería ubicada en pleno centro de Ancud y que comparte con un socio. Las palabras de Pacheco (peluquero que rasura a los carabineros de Ancud y que aún mantiene la tradición de la navaja) toman fuerza cuando uno comprueba, luego de un largo recorrido por el centro de Ancud, que los únicos gorros de lana que se ven por la calle visten a gringos con un mapa en la mano.

—Quédese tranquila, mijita. Mire, estos moños y rulos se usan mucho en Santiago. Las niñitas de acá tienen que dejar de ser tan tradicionales y ponerse más modernas —le dice Paulina a una clienta. Luego dispara un chorro de fijador que endurece la cabellera de una joven tímida, de ojos claros, a quien peinan como si de aquí, de la isla de Chiloé, se fuera directo a la audición de *Latin American Idol*.

La peluquería de Paulina lleva su nombre y está ubicada en la calle principal de la ciudad. En las paredes hay diplomas y fotos de ella en distintos cursos de peluquería:

—Mira ese, es en el Hotel Carrera, en Santiago. Por eso es que yo no necesito ir al encuentro de la hostería. Ojalá les vaya bien, pero eso a mí no me aporta nada —advierte, separando aguas entre expertos y principiantes. Muchos congresos de peluquería se desarrollan en hoteles, aunque estoy seguro de que ninguno de ellos ocurrió en alguno de los España.

En Ancud están quince de las setenta peluquerías que hay en toda la isla. El salón unisex de José Martínez es uno de los más importantes. Le siguen Pecos, Egos, Gallardo, Paulina, Varonil, Sarita y Marcelo. La peluquería de Marcelo está junto a una carnicería y es uno de los locales clásicos entre la gente de Ancud. Son las diez de la noche y el piso de la peluquería de Marcelo está alfombrado con pelos de los clientes del día (por cábala nunca los barre, dicen sus colegas peluqueros). Más que un salón de belleza, el lugar parece una sala de espera de municipalidad pobre. Las paredes están gastadas y la luz apenas alumbra a los tres hombres que esperan, sin ánimo, su turno de poda. Sobre el sillón antiguo, de los pocos que hay en la región y que habría venido en un barco varado en la zona sur de la isla, está un niño que no disfruta mucho con el pedido regular-corto que exigió su madre. Marcelo es canoso, viste entero de negro, tiene las manos gordas y, caso raro en cualquier peluquero del mundo, no habla con sus clientes.

* * *

La vida en los hoteles no solo te permite olvidar los asuntos domésticos. También puedes olvidarte de más cosas. Como dice Ricardo Piglia en su cuento «Hotel Almagro», del libro *Formas breves:* «Vivir en un hotel es el mejor modo de no caer en la ilusión de 'tener' una vida personal, de no tener —quiero decir— nada personal para contar, salvo los rastros que dejan los otros». Algo parecido a lo que sucede con los peluqueros.

Liliana nació en Ancud y es hija de un respetado peluquero que ya colgó las tijeras. Su salón se llama Egos y está en la calle Maipú: «Las tinturas y las permanentes son lo que más hago. Luego vienen los visos y los *brushing*. Hoy en día los peinados de las mujeres son más sueltos, más altos, muy modernos», dice con los guantes embetunados en el menjunje con que acaba de pintar el cabello de una clienta. Liliana está matriculada en el encuentro y sus razones son claras:

—Quiero mejorar mi tintura del rubio —dice riendo tímida.

Liliana tiene una hija que estudia para educadora en la ciudad de Osorno y un marido que está en el sillón, con los brazos cruzados sobre su parka azul, esperándola para cerrar el local y volver caminando a casa.

En Castro, la capital de Chiloé, hay unos quince hoteles y más de treinta peluquerías, pero solo una donde cortan barbas con navaja. Se trata del salón unisex Martita, un local ubicado en la calle San Martín que también es perfumería y paquetería. En el lugar atiende la propia Martita, que se encarga de cortes para hombres y todo tipo de peinados para damas. La acompaña Manuel Gutiérrez, su marido, casi retirado por un accidente vascular pero hábil con el cuchillo y la espuma:

—Muy poca gente viene a hacerse la barba. Por lo general no son gente de acá, sino muchos gringos que andan en el Skorpios y que cuando ven el sillón entran a rasurarse —dice Manuel, navaja en mano, a punto de raspar una barba encremada.

La barbería es una tradición que en Chiloé murió de golpe. En menos de cinco años volaron todos los sitios del rubro sin ninguna razón aparente, dice Manuel, resignado ante el peso de una modernidad que no deja tiempo «para los verdaderos lujos». Son las dos de la tarde. En la plaza de Armas de Castro, frente a la catedral que ahora es de color damasco y lila y está declarada monumento nacional, camina un grupo de turistas franceses con gorros chilotes y mochilas japonesas. En uno de los locales frente a la explanada está el salón de Guido Guarda. Él tiene cierto prestigio dentro de la comunidad de Ancud por lo caro que cobra, por lo presumido que habla y por su enorme cartel de ser el único estilista internacional de la isla. Sobre ese tema, el propio peluquero advierte:

—La verdad es que eso es una cuestión que yo pongo para vender mi imagen, nada más. Acá somos todos peluqueros, pero si tú pones que eres estilista la gente te mira con más importancia.

Guido huele a éxito y es capaz de decir, sin problemas de autoestima, que muchos de los otros peluqueros hablan de él porque lo envidian. Al rato muestra su tarjeta de estilista donde se puede leer, debajo de su nombre, su nuevo rótulo: Haute Coiffeur.

En Castro, como en todas las peluquerías de la isla, las envidias entre estilistas son una verdad inevitable.

—Somos artistas, y como toda gente creadora, tenemos el ego y la vanidad en un lado muy importante. Los problemas estarán donde haya dos o más peluqueros —dice Nelson Rivera durante el intermedio de la convención. Rivera es uno de los famosos estilistas llegados de Los Ángeles, octava región. Antes de seguir acomoda su corbatín y pasa su tarjeta de visita: en ella viene su foto secando el pelo dentro de su propia peluquería.

En Dalcahue, otra ciudad de Chiloé, la vida se revolucionó hace unos años con las filmaciones de *La fiera* (una telenovela que batió récord de sintonía en todo Chile y que lo llenó de turistas curiosos). Aprovechando ese impulso glamuroso las peluquerías trataron de afirmarse.

—En un principio llegaban pidiendo el corte de tal o cual artista de la teleserie y no estábamos preparados. Estos cursos sirven para especializarse en cortes modernos —dice una peluquera que toma apuntes en la convención.

En la ciudad de Quemchi hay tres hoteles y cinco peluqueras. Cuatro de ellas están sentadas, en primera fila y juntas, durante el encuentro en la Hostería de Ancud. Se las ve contentas, y eso que entre ellas compiten por la que lleva el mejor peinado. Cuando son las cinco de la tarde y el curso ya termina, viene el plato fuerte: el desfile de fantasía. En vista de los aplausos eufóricos de la concurrencia, tal parece que los estilistas de Los Ángeles han acertado un buen golpe. La novia se ve espectacularmente peinada, con una torre de cabello mezcla de postizos y laca. José López, encargado de los modelos más llamativos, explica la técnica utilizada y les advierte que solo depende de ellas mismas llegar a una obra de tal engranaje. El cierre es con una ovación que ruboriza a las modelos de Ancud. Luego viene la repartición de diplomas, y el compromiso de volver a juntarse en torno a las nuevas tendencias de la peluquería contemporánea. Al final, un grupo chilote presenta su espectáculo de tradicionales bailes folclóricos.

A las siete de la tarde la vida retoma su tranquilidad de isla del sur de Chile. Las asistentes vuelven a sus casas, besan a sus hijos y muestran orgullosas sus diplomas. Sobre el canal de Chacao, los estilistas internacionales de Los Ángeles también regresan a sus casas, arriba del trasbordador rumbo al continente. Desde hace muchos años, está la polémica sobre si se debe construir o no un puente que una a Chiloé con el resto de Chile. Los candidatos a la presidencia lo anuncian, los ingenieros presentan proyectos, y las maquetas acumulan polvo, mientras la isla sigue flotando frente al continente.

* * *

La isla de Chiloé tiene una larga historia de desconexión con el resto del país. Hace doscientos años, cuando Chile conseguía su independencia de España, Chiloé siguió fiel a la monarquía y bajo el mando del gobernador Antonio de Quintanilla. La naciente República de Chile tuvo un par de intentos armados por adueñarse de la isla, pero fracasaron reiteradamente. Hasta recién en 1826 las tropas chilenas lograron vencer a la resistencia chilota.

La independencia de Chile había comenzado en 1810, con el establecimiento de la Primera Junta de Gobierno. Ahí se inicia un periodo conocido como Patria Vieja y que dura hasta el Desastre de Rancagua en 1814, cuando las tropas realistas reconquistarían el territorio. Las tropas que luchaban por la independencia se refugiaron en la ciudad argentina de Mendoza, y formaron junto a combatientes argentinos el Ejército de los Andes comandado por el general en jefe José de San Martín. El 12 de febrero de 1817, en la batalla de Chacabuco, vencen las tropas que se oponen a seguir siendo parte del Reino de España.

Un año más tarde, en 1818, se declaraba la Independencia de Chile, durante el gobierno del director supremo Bernardo O'Higgins. Ocho años más tarde, se anexa al territorio la isla de Chiloé. Doscientos años más tarde, el país le saca brillo a sus medallas como nación líder del crecimiento económico de la región, con el mismo orgullo con que los peluqueros de Chiloé buscan cambiar el estilo de sus cabezas.

La última vez que me quedé en el Hotel España de Santiago fue mientras iba rumbo a Salamanca, un pequeño pueblo del norte del país incrustado en la cordillera de los Andes, y que por entonces lucía un extraño título: ser el primer pueblo de Latinoamérica con conexión total, libre e inalámbrica a Internet.

El primero de muchos que vendrán en la región, decían las autoridades, depositando la nueva unión latinoamericana sobre una red de conexión inalámbrica.

5. Vivir conectado

Estoy en un hotel que se llama My House, en una pequeña ciudad donde no hay Hotel España. Me vine desde Santiago en autobús, durmiendo la mayor parte del trayecto por la Panamericana. Estoy en una ciudad que se llama Salamanca, en el norte de Chile. Vine hasta aquí para contar una historia de vidas conectadas.

En este lugar conocí a Benjamín Franklin Silva Donoso, el único inventor que vive en el lugar. Salamanca es, gracias a la tecnología Wi-Fi, el primer poblado de Latinoamérica con Internet gratis y para todos. Benjamín Franklin tiene 34 años, es soltero, no está de novio y vive con sus padres. Tiene la piel más clara que el promedio de los habitantes de este pueblo andino, que fue parte del Imperio inca, por eso se protege del sol con anteojos y gorra. Cuando nos conocemos, en la plaza central de la pequeña ciudad, llega vestido con una gorra azul de visera larga, anteojos oscuros y jeans.

—Hola, yo soy Benjamín —y me estira su mano tímidamente.

Desde las primeras horas en Salamanca, varios me han advertido de este Benjamín Franklin y de sus inventos. Logro contactarlo por intermedio de una secretaria de la municipalidad. Por estos días, llegar a Salamanca como periodista es casi un acontecimiento: las autoridades se ponen a tu disposición y las secretarias de cualquier jefe oficial pasan a ser tus asistentes. Todo gracias a Internet.

En sus manos Benjamín Franklin trae su último invento: una antena artesanal que sirve para conectarse mejor a la señal inalámbrica de Internet. Por casi veinte dólares, el precio al que vende su invento, promete una significativa mejora de la conexión a la red. En tres meses ha vendido más de diez antenas y esa suma equivalente a doscientos dólares, a dos billetes con la cara del Benjamín Franklin original, ha sido suficiente dinero para vivir exclusivamente de su idea. En todo Latinoamérica unos doscientos millones de personas viven con menos de un dólar al día.

Orgulloso, cuenta que en los últimos meses lo han entrevistado de varios canales de televisión, en un par de radios locales y en diarios de circulación nacional. No solo eso. El 12 de octubre de 2006 fue portada principal de *La Voz del Choapa,* un pequeño diario que circula por Illapel, la ciudad grande vecina de Salamanca. Internet ha traído cambios a su vida, y no únicamente tecnológicos. Lo entiendo: gracias a Internet he podido sobrevivir escribiendo historias por diferentes lugares, viviendo en hoteles.

Sentados en la plaza de Salamanca, rodeados de niños que persiguen pelotas de fútbol y de jubilados que ya no persiguen ningún sueño, me dice que en la ciudad la gente escucha mayoritariamente música campesina, cumbias y rancheras:

—No desmerezco ese tipo de música, pero a mí me gusta mucho más lo que es el anglo. Me gustan los clásicos, los Beatles, los Creedence Clearwater Revival. Entonces fue por esa necesidad que comencé a inventar las primeras antenas.

La historia de su nombre, Benjamín Franklin, parte de la primera década del 1900, cuando su abuelo, Pedro Silva Contreras, sale a recorrer el mundo como marino de la *Esmeralda,* el buque escuela de la Armada chilena. En uno de esos viajes, cuando América Latina se preparaba para el Centenario de sus Independencias, el barco llegó a Nueva York.

—Mi abuelo recorrió cuatro veces la vuelta al mundo, pero le gustó Estados Unidos. Siempre hablaba de Nueva York y nos contaba que se subió a la Estatua de La Libertad.

Tanto le gustó a su abuelo Estados Unidos, que bautizó a sus hijos con nombres como Washington, Edison, «y a mi papá le puso Franklin». Y para seguir la tradición, su padre lo bautizó como Benjamín Franklin, igual que el inventor.

En un momento y en silencio, como una sombra entrada en años, se suma a la conversación el papá de Benjamín. Sus dos padres son artesanos en madera, y venden sus trabajos en la plaza central de Salamanca. Hasta antes de que llegara Internet a la ciudad, el hijo los acompañaba en el trabajo y en la venta. Ahora, como los viejos buscadores de oro, abandonó todo por la tecnología.

—Siempre fue inventor mi hijo, igual que el otro Benjamín Franklin —dice su padre, Franklin Silva. Y sigue: —Yo no entiendo de Internet, no sé nada, pero veo que lo que hace mi hijo es algo muy importante y que puede estar conectado con todo el mundo. Mi padre dio la vuelta al mundo cuatro veces, en barco, y ahora mi hijo lo hace por Internet. Desde la casa.

Mientras el padre habla, el hijo, el inventor, Benjamín Franklin Silva Donoso, mira hacia los cerros de la cordillera de los Andes, tal vez pensando en un nuevo experimento. Tal vez pensando en su abuelo marino. Tal vez sorprendido por el orgullo público que, por primera vez, le demuestra su padre. Todo gracias a Internet.

* * *

La vida en Salamanca es apacible, tranquila, con familias en bicicleta, niños que van caminando a la escuela, policías que saludan a los vecinos, perros que se pasean sin sus dueños y autos estacionados con los vidrios abajo. Aquí se ven muy pocos taxis, casi no hay semáforos y los bomberos hace varias semanas que no van a apagar un incendio. Para entretenerse hay una piscina municipal, un estadio, un gimnasio y dos discotecas que abren solo los fines de semana. Una vieja camioneta amarilla, con parlantes a todo volumen, se pasea anunciando un festival de música ranchera. Un grupo de jóvenes toca guitarra en la plaza. El centro tiene pocas calles. De los dos cajeros automáticos de Salamanca, uno está en una bencinera y otro en la única sucursal bancaria de la ciudad. La mayor parte del tiempo uno tiene la sensación de estar en una ciudad desenchufada. Totalmente acústica. Pese a que se trata de la primera ciudad latinoamericana con conexión total, gratuita e inalámbrica a Internet.

Ubicada a 316 kilómetros al norte de Santiago de Chile, los últimos kilómetros antes de llegar a Salamanca son una interminable seguidilla de curvas y contra curvas, subidas y bajadas empinadas, por una zona de valles precordilleranos estrechos y peligrosos. Con la sensación de estar ingresando a una zona aislada y escondida, a un territorio al que podría caerle encima una bomba radioactiva y el resto del país tal vez ni se enteraría, el bus entra a Salamanca a baja velocidad y con el motor aún forzado. La mayoría de los pasajeros son obreros de Los Pelambres, un moderno y privado yacimiento de cobre, en el país que es el principal productor de cobre del mundo con el cuarenta por ciento de las reservas mundiales. Paradójicamente, la sostenida alza del cobre de los últimos años se debe al auge mundial del cableado de cobre, un negocio que se vendría a pique en el mundo inalámbrico.

Antes de saltar a los medios de comunicación como la primera iluminada con Wi-Fi, Salamanca era conocida por la leyenda de ser zona de brujas. Basta llegar a la ciudad para ver decenas de brujas volando arriba de escobas: pintadas en las paredes, en las tiendas, en los anuncios de restaurantes, en las publicidades locales y en los cibercafés.

—Siempre se dijo que acá hay brujas, pero nunca vi una. De todas maneras, es lo que identifica a la ciudad en el resto del país. Mejor dicho, lo que lo identificaba, porque ahora somos conocidos por el Wi-Fi —dice Roxana Pizarro, una joven nacida en la ciudad, que trabaja para la municipalidad y que ahora escucha radios de Santiago por Internet.

El proyecto de Internet gratuito para esta pequeña y aislada localidad chilena se llamó «Salamanca sale al mundo», y precisamente, el eslogan fue acompañado de una bruja arriba de una escoba. Si bien los veinticinco mil habitantes del lugar sabían que la llegada de la tecnología podía traer cambios, tras la instalación de las once antenas que distribuyen la señal, Salamanca siguió con su vida. Una rutina cansina, sin sobresaltos, con una economía dividida entre el trabajo en la minería y la agricultura. Pero la noticia del experimento corrió rápido, y no tardó en salir de Chile. Varios recuerdan que a los pocos días de inaugurada oficialmente la señal libre, el 4 de septiembre de 2006, la información estaba siendo trasmitida por CNN en Español para todo América Latina y Estados Unidos. Desde los estudios instalados en Atlanta, la periodista Carolina Escobar esperaba la señal del productor para abrir el informativo con entusiasmo: un, dos, tres, ¡al aire! «Una pequeña ciudad en Chile es la primera en Latinoamérica que cuenta con conexión inalámbrica gratuita a Internet de banda ancha. El experimento busca potenciar las capacidades de los ciudadanos, con las ventajas de Internet: contenidos gratuitos, alfabetización digital, capacidad de subir contenidos, entre otros».

De ser una pequeña y escondida ciudad cordillerana del norte de Chile, Salamanca estaba saliendo al mundo como los primeros de Latinoamérica. Y gracias a vivir conectados.

* * *

La municipalidad de Salamanca está frente a la plaza de Armas de la ciudad, y para llegar a la oficina del alcalde hay que atravesar un pasillo oscuro donde se ven varios escritorios con funcionarios que te saludan moviendo las cejas. Fundada en 1844, en sus habitantes se ve la mezcla del pasado prehispánico marcado por los incas y los indios diaguitas. Hoy, todos los computadores de la municipalidad están conectados a Internet, y sobre el escritorio del alcalde hay un poderoso *notebook* inalámbrico.

El despacho de la máxima autoridad de la ciudad es simple. Además de su escritorio hay una pequeña mesa de reuniones. Pese a ser de día, están las luces encendidas. El alcalde se llama Gerardo Rojas, es abogado, y nació en Salamanca hace cuarenta y tres años. Es calvo, tiene voz aguda, y está recién divorciado:

—Gracias a la ley de divorcio aprobada finalmente en Chile —aclara.

El alcalde de Salamanca se muestra entusiasmado con el proyecto. Cuenta que un día leyó en un diario de circulación nacional que un senador, fanático de la tecnología, hacía un llamado a las comunas que estaban dispuestas a poner Internet gratis y para todos:

—Un día dije: «Voy a llamar». Lo hice pensando a ver si quedaba algún cupo por ahí. Lo llamé, y parece que no lo había llamado nadie. Nadie.

Con entusiasmo, cuenta que el senador lo puso en contacto con su fundación. A los pocos días llegaba a Salamanca la primera comitiva de técnicos. Tres meses después, la presidenta de Chile estaba inaugurando la señal libre para todo el país.

El propio alcalde de Salamanca dice que su ciudad está de moda. Jura «por Dios» que el proyecto nunca fue pensado como una competencia con el resto, y que ser los primeros de Latinoamérica los sorprendió a todos «y nos ha subido la autoestima».

La idea de que ser líderes es una forma de mejorar la autoestima se ha convertido en una suerte de doctrina nacional. En Chile son comunes, y asunto de gran orgullo patrio, las noticias internacionales que ponen al país primero en diferentes *rankings* latinoamericanos. Atrás, muy atrás, parecen haber quedado los traumáticos años cuando viajar con pasaporte chileno, durante los años de dictadura militar, equivalía a pasar horas extras en cualquier aeropuerto del mundo. En menos de veinte años, de un país culposo por las violaciones a los derechos humanos, los chilenos han asumido el rol continental del orgullo. De un orgullo basado en la economía. De ser el ejemplo del territorio del hotel Latinoamérica.

En los últimos meses, como ha sido común en los últimos años y lo será en los que vienen, es costumbre que los diarios y noticieros titulen: «Chile sigue liderando a Latinoamérica en *ranking* de competitividad», según el informe anual del Foro Económico Mundial. «Chile sigue liderando a Latinoamérica en *clima de inversión*», de acuerdo al informe *Doing Business* del Banco Mundial (BM). «Chile lidera *ranking* de *apertura* en Latinoamérica», de acuerdo a un informe solicitado por la firma Federal Express (FedEx) de los países con más fácil interacción e intercambio entre personas, empresas y naciones. «Chile es líder en la lucha contra la corrupción en Latinoamérica», según el *ranking* del Índice de Percepción de la Corrupción que realiza Transparencia Internacional (TI). Un orgullo que ha dejado al país liderando el *ranking* del país menos amigo del resto de la región.

—Ya somos los primeros en Latinoamérica, eso no lo puede negar nadie. Quedó en la historia —dice el alcalde, mientras nos tomamos un café a media tarde.

Buena parte de la ciudad, a esta misma hora, está durmiendo la siesta. Sin embargo, en un momento de la charla, el alcalde Rojas reconoce que hay que perfeccionar la conexión, que no anda del todo bien.

—Y estamos haciendo un convenio con la embajada de Estados Unidos por el asunto del inglés —remata orgulloso. Tanto como estaba Chile cuando el ex presidente Ricardo Lagos firmó, en 2004, el primer Tratado de Libre Comercio entre Estados Unidos y un país sudamericano.

Cuando le pregunto al alcalde por un beneficio concreto que traerá la red a Salamanca, pienso en los cambios que la red ha traído en mi vida. En todo el tiempo que paso conectado, en las relaciones virtuales, en la comunicación *online* con editores, en el manejo de las cuentas bancarias por red, y en mi correo electrónico como parte de mi única oficina fija: la oficina portátil. Desde la primera época en que vivía en el hotel, cuando llegaba a registrarme sin darme cuenta de que no podía salir, despertaba pensando en estar conectado.

—Meneses, ya son las nueve —se escuchaba al otro lado del teléfono, y si me había dormido temprano, respondía «ok, gracias», y a los pocos minutos ya estaba debajo de la ducha. Para el alcalde, en cambio, la transformación de la vida de los habitantes tiene que ver con el acceso a la información. De manera libre e ilimitada.

—Solo vamos a restringir el acceso al sexo y la música. Nada más.

Dice que es por un asunto técnico: bajar sexo y música haría muy pesado el tráfico. Aunque a los pocos minutos confiesa que, por ahora, los filtros no se han puesto a funcionar. Y vuelve a remarcar que el objetivo es educar, que la comunidad agilice los trámites, que Salamanca salga al mundo. A ese mundo donde lo que más se baja es música y pornografía.

* * *

El día más importante de Salamanca en los últimos doscientos años fue el 4 de septiembre de 2006. Aquella vez y desde temprano, los hombres de seguridad de la Presidencia de la nación registraban cada detalle del gimnasio municipal. Los fotógrafos limpiaban sus lentes. Los alumnos miembros de la banda instrumental de las escuelas públicas afinaban los instrumentos para el desfile. En pocas horas, la presidenta Michelle Bachelet, la primera presidenta mujer de Chile, inauguraba oficialmente el Internet libre para todo Salamanca.

Albert Einstein dijo una vez que la palabra progreso no tiene ningún sentido mientras haya niños infelices. Aquella mañana, mientras desfilaban frente a las autoridades, los niños de Salamanca parecían contentos. Dentro del estadio techado, y desde temprano, las graderías del recinto estaban colmadas de vecinos en espera de los discursos. Los noticieros nacionales despachaban en directo la noticia.

—Yo no fui, pero fue bueno que ella viniera —dice Benjamín Franklin Silva Donoso, y recuerda todo el alboroto en la ciudad. Las calles cortadas, la policía cercando la zona, y todo un implemento de seguridad para el cual Salamanca no estaba preparado. Un ajetreo demasiado grande para una personalidad como la de Benjamín Franklin, más bien retraído y silencioso.

El gimnasio estaba repleto cuando la presidenta subió al estrado, y su voz retumbaba por los parlantes del gran salón mientras decía:

—Para mí es claro que el uso de estos instrumentos no puede quedar centralizado, no pueden limitarse a las grandes ciudades, tienen que extenderse como se esta haciendo aquí, a cada región, a cada ciudad, a cada localidad y rincón del país.

Según la mandataria chilena, si no se garantiza el acceso a la tecnología a todos, «se corre el riesgo de ahondar aún más la desigualdad que existe en nuestro país».

Al término de la ceremonia de inauguración, la periodista Scarleth Cárdenas iniciaba su despacho en directo, por Televisión Nacional de Chile, al resto del país:

—Antes que París, Nueva York o Buenos Aires, Salamanca vuela con Internet.

* * *

En Salamanca el hotel no era mi casa: era My House. Ubicado en el 451 de la avenida Infante, el My House suele alojar ingenieros que vienen a la mina Los Pelambres. En la recepción del hotel hay Internet, pero no funciona con Wi-Fi, sino con banda ancha. En los días que me quedo en My House, los que más utilizan la red son los hijos de la dueña, para hacer las tareas. El hotel es nuevo, tiene cortinas de flores, un baño amplio, jabones en miniatura que no dicen My House sino Rexona. La ventana da al estadio de fútbol y cada vez que me conecto al Wi-Fi gratis me agarra la señal de dos de las ocho antenas gratuitas. Desde la ventana se ven las antenas, que están cerca y sin la interferencia de los árboles. Según el alcalde, los grandes enemigos del Wi-Fi han sido los árboles.

Golpeo en la puerta de madera de la casa de Benjamín Franklin, donde hay un anuncio que dice: «Antenas artesanales para Wi-Fi». Son las tres de la tarde, y me abre cansado. Lo desperté de la siesta. Benjamín Franklin vive encerrado en una pequeña casa, al fondo de la de sus padres, como si estuviera encerrado en un hotel.

Esta nueva visita ya no tiene la formalidad de la primera vez que nos vimos en la plaza central, y si bien Benjamín está sin la camisa puesta y en su cara trae muestras de las sábanas, es amable. A los pocos minutos me trae una silla, y pela una naranja que compartimos durante la charla.

El tema de Internet le gusta y cualquier anécdota tecnológica la escucha atento. Le cuento que durante varios años escribí casi todo mi trabajo de periodista en cibercafés de distintos países, sin oficina fija, y que me bastaba entrar a un cíber para estar conectado a las redacciones donde ofrecía mi trabajo de cronista *freelance*. Cuando le cuento que a ese tipo de trabajo lo llamé periodismo portátil, repite «periodismo portátil», como si estuviera registrándolo en su propia memoria, o pensando en algo nuevo para su antena.

—La verdad, es que el Wi-Fi es intramuros, por eso no funciona bien. Pero con mi antena, queda perfecto —me dice Benjamín, mientras me muestra su taller, donde corta las cañerías de plástico arriba de las cuales pone una caja pintada de plateado, y a la que le cuelga un cable que va conectado a los computadores.

Benjamín Franklin me dice que le gusta Internet, pero también me dice que le gustaría tener una novia aunque es muy difícil, porque las mujeres de Salamanca se van en los autos de los trabajadores de la mina. También me cuenta que chatea con una mujer de Santiago, pero que todavía no se encuentran. Me dice que tiene muchas depresiones, que le duele la cabeza, y que a veces está varios días sin salir de casa.

Al rato aparecen sus padres, que siempre están cerca. Mientras ellos hablan al mismo tiempo, sobre Benjamín, él se da vuelta buscando alambres que me muestra como el inventor que revela sus secretos. Al rato me hace pasar al cuarto donde tiene su computadora, pegada a una cama sin hacer, y donde se ven tres direcciones de sitios para adultos escritas nerviosas sobre la pared.

—Ya hay varias zonas donde no se puede escuchar radios, ni bajar música. Ya cortaron eso en algunos lugares —se queja, con el fastidio de quien escucha a los Beatles en una ciudad dominada por las rancheras.

* * *

Cuando el bus sale de Salamanca, la primera ciudad con Internet de todo Latinoamérica, la mayoría de pasajeros son obreros de la mina Los Pelambres que vuelven de estar varios días encerrados en el yacimiento. En mi mochila llevo una *laptop,* diferente a aquella que me compré cuando me fui de Chile a vivir de escribir historias gracias a que las revistas, los diarios, los bancos, los pasajes de avión y los hoteles ahora están conectados a Internet. Finalmente, no le conté a Benjamín Franklin que Internet a mí también me transformó la vida, pero supongo que lo supuso, cuando me dio un papel con su dirección de *e-mail* para conectarse a *messenger*.

Mientras dejamos atrás la ciudad los caminos son de tierra, y al paso del bus vamos levantando polvo que no deja ver hacia afuera. Pero aunque no se vea, afuera del bus está Salamanca, una pequeña ciudad de un país en veloz carrera económica, y donde los índices de desigualdad se disparan tan rápido como las buenas cifras económicas. Un país orgulloso, que a veces parece esclavo, por ser el mejor en términos de desarrollo de la región. El primero de Latinoamérica que tiene tratados de libre comercio firmados con Estados Unidos, con la Unión Europea, con Japón y China. Y recuerdo el «Antes que Nueva York, París y Buenos Aires, Salamanca sale al mundo», y aunque trato de mirar por la ventana, solo se ve una nube de polvo. Tras esa nube está la primera comunidad, de todo el territorio de los hoteles España, con conexión libre y gratuita a Internet.

* * *

Cuatro meses más tarde, le escribo un *mail* a Benjamín Franklin Silva Donoso, para saber de su vida y que me cuente cómo va con el negocio de las antenas. Me responde tres semanas más tarde:

Hola Juan Pablo, ¿qué tal?, disculpa por lo tarde de mi respuesta pero no tengo costumbre de revisar el correo, porque soy nuevo en esto. ¿Qué te puedo decir? Si te sirve mi respuesta, te informo que algunas cosas han cambiado con respecto al tema «Wi-Fi en Salamanca». Fue la mula más grande. Es más, ya casi ni trabajo en esto, porque las redes sirven muy poco. Es que fue un trabajo muy mal hecho, en un principio todo anduvo bien, pero a medida que fueron ingresando más usuarios se fue empeorando la cosa. Ahora es muy difícil conectarse porque después de Navidad aparecieron unos cientos o mil usuarios más y además los estudiantes están de vacaciones y son los usuarios más frecuentes, así que imagínate...

Además sería bueno mencionarte que el tema de fondo es la política, la propaganda de que ellos hacen las cosas bien. Además, tú te enteraste que el principal aporte de fondos para este proyecto fue de la minera Los Pelambres, y detrás de esto sin duda hay la intención de opacar problemas de fondo como el tema de la contaminación, que va a dejar a largo plazo la minera. Ya hubo problemas con eso hace poco, pero como es sabido el dinero todo lo tapa. Para terminar te cuento que nos enteramos que los equipos usados para transmitir, son de la marca D-Link y esa empresa no posee equipos de uso profesional. Los que debieron haber instalado son de un millón de pesos y con una sola torre bastaba, no cuatro de mala calidad.

Así están las cosas... Saludos, Benjamín.

6

Hay pruebas concretas de que la vida en un hotel detiene tu existencia. Una de ellas es el jabón. Sólo alejado de la realidad, tendrás en el baño todos los días un jabón nuevo, a estrenar, que nunca se gasta. Solemos mirar el paso del tiempo en un reloj, pero el paso del tiempo se mide en muchas cosas, una de ellas es ir viendo cómo se va gastando el jabón.

La primera vez que llegué al Hotel España de Buenos Aires fue de casualidad. Había viajado desde Santiago a Buenos Aires para hacer una entrevista. Era la época del uno a uno, cuando un peso argentino equivalía a un dólar, al término de los años noventa y cuando el país resultaba excesivamente caro para cualquier extranjero.

Supongo que el chofer de la empresa Manuel Tienda León, que transporta a los pasajeros del aeropuerto al centro de la ciudad, lo sabía. Cuando se enteró de que todavía no tenía hotel, me dijo:

—Yo conozco uno bueno y barato, bien ubicado, que te va a gustar.

Esa fue la primera vez que conocí el Hotel España de Buenos Aires. Recuerdo que me dieron una habitación del segundo piso, a la calle, ruidosa, que en las noches se iluminaba completamente de verde. La luz venía del neón con que está escrita la palabra «Hotel».

Un año más tarde estaba viviendo en Barcelona, y había decidido dejar el piso compartido en la zona de El Raval por un cuarto de hotel en una zona llamada El Ensanche. Hasta ahora, no le había dado importancia a la decisión, pero evidentemente era un cambio crucial: vivir con más gente me impedía escribir tranquilo. En el Cisneros ocupaba parte del último piso, la habitación 503, con vista a techos y antenas. Dentro del pequeño cuarto había un armario, un escritorio y un lavamanos, donde solía lavar ropa que colgaba en la ventana. Las duchas y el excusado estaban afuera, y eran compartidos con cuatro habitaciones del mismo piso.

La mayoría de los pasajeros eran jóvenes del resto de Europa que iban a Barcelona a divertirse, o turistas de otras ciudades de España que llegan a Barna por el fin de semana. Más de una vez me crucé, camino a las duchas, con alemanas en bikini que venían de pasar la mañana en la playa, o de parejas de novios que se vestían con dorados y maquillajes antes de ir a bailar hasta el amanecer en una ciudad que a ellos les asomaba como la meca de la diversión.

A diferencia del Hotel España de Buenos Aires, en el Cisneros de Barcelona sí había desayuno. Un *buffet* al que religiosamente nunca dejé de asistir, porque me servía para hacerme un par de sándwiches para el almuerzo. No era el único que vivía ahí. Había dos viejos jubilados, uno al que su familia iba a visitar los fines de semana y a quien solían acompañar en el desayuno de los domingos (esos días de visita él sonreía, y nos miraba orgulloso al resto de quienes vivíamos allí), y otro viejo, José, que no tenía familia, que se había separado hacía muchos años y que estaba completamente solo. Varias veces conversamos, e incluso una vez me recomendó las carreras de perros que se hacen en Barcelona. José ya sabía que yo buscaba temas para vender, y que con esa paga podía seguir escribiendo historias.

Las carreras de perros me parecieron un buen tema. El Canódromo Meridiana de Barcelona era el único que quedaba en pie de los dieciocho que hubo en España en los años setenta, y apostarle a un perro —después de apostarle a tantos otros temas— sonaba como un buen plan para escribir una historia. Lo primero que me sorprendió de Meridiana fueron sus instalaciones, que las envidiaría cualquier hipódromo de Latinoamérica. Había una zona para periodistas, graderías, y una seguidilla de ventanillas bien mantenidas para las apuestas. Era un día de semana, de noche, y si bien el límite de las apuestas era bajo, las filas de apostadores eran largas.

Antes de decidir mi apuesta, fui a tomar algunas fotos al lado de la pista. Las carreras de perros son rápidas y enloquecidas. Apenas dan la largada comienza a sonar la liebre mecánica que los galgos salen a perseguir. Casi no hay tiempo para alentarlos. A diferencia del hipódromo, donde uno puede agitar los dedos y gritar «dale, más rápido, vamos, vamos, corre conchatumadre, dale, dale, dale, sí, sí, sí, sigue, sigue», en las carreras de perros, todo sucede en pocos segundos.

Al terminar cada carrera, la liebre mecánica se devuelve por el riel. En el partidor, nuevos galgos se acomodan para salir tras la presa que nunca van a poder alcanzar. Las cajas registradoras reciben nuevas apuestas, los jueces cambian la hoja de sus anotaciones, y otra vez la largada, y otra vez el sonido metálico de esa liebre fabricada que todos queremos alcanzar.

Cuando finalmente fui a hacer mi apuesta, entre un torbellino de catalanes mayores de setenta años que hablaban de los perros como un asunto importante, sentí que alguien me tocó el brazo. Al girarme, vi que pasaba José, el viejo solitario del Hotel Cisneros.

—¿Cómo está? —le dije desde la fila de apuestas, y me levantó el brazo y siguió caminando, sonriendo, perdiéndose en la bruma de una noche llena de abrigos grises y españoles jubilados.

Además de los dos viejos, al que visitaban los fines de semana y José, vivía un tipo de Málaga que trabajaba toda la semana en Barcelona y que los fines de semana se iba a casa y con quien nunca hablé palabra alguna. Un estudiante de violín, del interior de España, que ensayaba la escala todas las tardes a la hora de la siesta y muchas veces imaginé que alguno lo ahorcaba con sus propias cuerdas. Y un italiano, que estaba de intercambio por su oficina, y que estaba en Cataluña para aprender a hablar español.

Los días de verano, en el desayuno, todo era fiesta y toallas de colores y olor a bronceador en el comedor del hotel. Una vida de alegría donde los diálogos se reducían a «una nueva ronda de café», «a mí tráeme otro de jamón con queso mamá», «¿ya te serviste fruta?», «¿no me puede traer más leche, por favor?», y «alcancé a bajar justo». Entre ellos, nos distinguíamos claramente entre nosotros, los que vivíamos ahí.

Cuando uno vive en un hotel y quiere vivir de escribir, lo primero que ve cuando abre los ojos es la computadora. Al Cisneros había llegado por un aviso en *La Vanguardia:* «Hotel alquila habitaciones por temporadas», y terminé yéndome después de varios meses, cuando vine a vivir a Buenos Aires.

Una mañana en el desayuno, después de varios días sin ver a José, le pregunté por él a la cubana que recogía las tazas del desayuno.

—Se fue a un asilo. Encontró un asilo de ancianos que le salía más barato —me comentó ella, que llevaba más de cuarenta años viviendo en España y que decía que la obra social en Cuba era mejor que la española.

Supongo que la noticia de José en un asilo, con más viejos solos como él, era una buena noticia. Sabía, como terminó ocurriendo, que no lo vería más en mi vida y me habría gustado ahondar más en su historia. Nuestras charlas eran reducidas, casi mínimas, y nunca tuve oportunidad de que habláramos después de cruzarnos en el canódromo. Me habría gustado saber sus lecciones sobre a quién apostarle o cómo elegir al mejor perro que sigue a la liebre mecánica. Pero un día desapareció.

En el Cisneros los pasajeros aparecían y desaparecían con una velocidad asombrosa, como si quienes vivíamos ahí estuviéramos radicados en un pasillo. En España la estancia media en los hoteles urbanos no supera los dos días. Seguramente por estar acostumbrado a eso, era tan extraño cuando desaparecía uno de los puntos fijos.

En *Historia abreviada de la literatura portátil,* libro fundacional del periodismo portátil, Vila-Matas cuenta lo que escribió Rigaut:

«Hay hoteles que son, francamente, muy literarios. Después de todo, el mundo de las letras descansa en los hoteles de la imaginación. En Europa lo saben desde hace tiempo y sólo se consideran elegantes los suicidios en el Ritz». El Cisneros, en Aribau esquina Aragó, no era ni literario ni elegante. Apenas una buena alternativa económica y bien ubicada para quienes iban de fin de semana a Barcelona. Por eso, los lunes en la mañana el hotel recuperaba cierta calma que comenzaba a perder los jueves en la tarde.

Al igual que el Hotel España de Buenos Aires, el Cisneros tenía habitaciones interiores y hacia la calle. Pasé por varias antes de elegir la 503, donde terminé recibiendo una sorpresa que me sacaría de ahí.

Un día me avisaron que tenía una visita. La esperaba, así que pedí que la dejaran subir. Abrí la puerta y estaba ahí ella, cargando una maleta color chocolate que ocupaba la mitad de la 503. Fueron tres días diferentes. De pronto, la pequeña habitación de ventana con vista a las antenas se había llenado de tangas, camisetas de colores, sostenes, cremas. En el lavamanos ahora había dos cepillos de dientes, y todo olía un poco mejor. Para salir de la pieza lo hacíamos estratégicamente, para que en la recepción no notaran que estábamos viviendo dos por el precio de uno.

La cama era chica, así que tiramos el colchón en el piso, y aunque las mucamas no me decían nada, notaba que me miraban diferente. Seguramente me veía diferente. De pronto el sol parecía iluminar de otra manera la ciudad, y los viejos edificios de la zona ahora me parecían recién pintados. Tenía la idea de que en esos pocos días los árboles habían florecido, la 503 se había ampliado y de que cualquier lugar por donde pasábamos merecía una foto. Volví a recorrer todas las casas de Gaudí, pero esta vez me parecía que lo hacía por primera vez. Ya no pensaba en carreras de perros ni en tener que escribir una buena historia para vender. Estaba concentrado viviendo la mía.

A los pocos días ella regresó a Buenos Aires, y a los pocos meses yo cerraba mi vida hotelera en el Hotel Cisneros de Barcelona para volar hacia Argentina. Han pasado los años, y los cambios están a la vista. Desde esa vez en la 503, hasta ahora, el Hotel Cisneros de Aribau 54 sufrió una remodelación absoluta, y hoy es el coqueto y costoso hotel *boutique* CRAM. Haciendo cálculos, cuando comenzaron a remodelar el Cisneros, a principios de 2003, yo me estaba separando y yendo a vivir por primera vez al Hotel España de Buenos Aires.

Seguramente, fue una discusión pequeña, que encendió la mecha que hizo explotar muchas otras discusiones pequeñas. Iban saltando una tras otra, con la misma progresión que estalla una hilera de fuegos artificiales. Entonces, sin casa y en una ciudad nueva, recordé el dato del Hotel España de Buenos Aires, el de la habitación con la luz verde por el neón de la palabra «Hotel», y me fui a pasar ahí el temporal de la pelea. Un par de días serán suficientes, supuse. Nunca imaginé que, después de un tiempo, un día me daría cuenta de que ya no podía salir del hotel.

7

El Hotel España de La Paz es el Hotel España más alto del mundo. Está en el centro de la ciudad y tiene cuarenta habitaciones entre simples, dobles, triples y cuádruples. Comenzó a funcionar hace poco más de cien años, primero como Posada España, luego como Hostal España, y desde hace unos veinte años como Hotel España. Tiene unas escaleras curvas en su puerta, un jardín interior y queda en la calle 6 de Agosto. Su eslogan es: «Las dos estrellas más exclusivas de La Paz».

En el Hotel España de La Paz se quedaron a dormir los médicos cubanos de la Operación Milagro, un programa de intercambio asistencial entre Cuba y Bolivia, y que permitió hace pocos años la operación gratuita de los ojos de cientos de bolivianos en manos de oftalmólogos cubanos. La leyenda dice que un equipo de la Operación Milagro, instalado en Santa Cruz de la Sierra, operó en el 2006 los ojos de Mario Terán, el militar boliviano que mató al Che Guevara en la sierra. Terán se habría presentado en el hospital sin contar su historia, y los médicos cubanos lo habrían mejorado sin saber que estaban recuperando los mismos ojos que apuntaron a Guevara antes de darle el disparo final.

Bolivia fue el primer país en comenzar a gestar su independencia de España, en 1809. El 16 de julio de ese año, Pedro Domingo Murillo forma la Junta Tuitiva de los Derechos del Pueblo, un gobierno interino que tiene como principal medida liberarse de la dominación española. La firma del documento y la toma de posesión ocurren en la ciudad de La Paz. El 6 de agosto de 1825 se declara, oficialmente, la Independencia de Bolivia.

Parte de mi vida en los hoteles comenzó en Bolivia. La primera vez que me quedé solo en un hotel fue en Santa Cruz de la Sierra. Lo recuerdo ahora, que trato de rearmar mi vida de hotel. Fue en un viaje que inauguró muchas cosas. Era la primera vez que viajaba solo, la primera vez que conocería Estados Unidos, y la primera vez que compré una cajetilla de cigarrillos, unos Pall Mall que me fui fumando dentro del avión. Seguramente, quería hacerme pasar por viajero experto. Era 1994, y entonces se podía fumar en los aviones.

El destino de viaje era Cambridge, Massachusetts, donde mi hermano mayor tenía su vida de estudiante de Harvard. La oveja negra partía a visitar a la estrella de la familia. Recuerdo que después de varias semanas desorientado en el entorno triunfalista de Harvard, salí disparado. Escupido por la situación. Dando botes en autos y trenes hasta terminar en Miami, en la casa de una vieja colombiana que conocí en el Amtrak, tras recorrer toda la costa este pensando que mi vida sí que era mínima.

El viaje había comenzado en Santiago, a bordo de un avión de Lloyd Aero Boliviana que haría escalas en La Paz, Santa Cruz, Caracas, Panamá y Miami. Sin embargo, llegando a Santa Cruz, nos dijeron que había un desperfecto en el avión, y que esa noche la pasaríamos en un hotel.

Entramos al hotel Los Tajibos en un bus, y rápidamente nos fueron dando a cada uno su habitación. Los Tajibos era un cinco estrellas ideal para convenciones, y esa noche, mi primera noche solo en un hotel, coincidía con una fiesta organizada por Varig Santa Cruz.

La habitación era amplia, cómoda, y en la televisión transmitían un partido de fútbol de la Copa Libertadores de América, el gran torneo deportivo del territorio de los hoteles España. Nunca tomé conciencia de que esa vez estaba viviendo mi primera noche solo en un hotel. Recuerdo que cuando abrí el cajón de la mesa de luz había una Biblia azul. La saqué, la miré, y por un momento sentí que estaba viviendo un momento importante. Algo que no tenía que ver con la religión, sino con todos esos relatos y películas donde aparece una Biblia una noche de hotel. Supongo que la gente que lee mucho la Biblia viaja con ella. Entonces, ¿por qué estaba ahí? ¿Para espantar los malos espíritus? ¿Las depresiones? ¿Acaso podía ser peligroso dormir en un hotel? ¿Para dormirse leyendo? ¿Para salvar el alma? ¿No era, acaso, algo normal dormir solo en un hotel? ¿Los malos pensamientos rondan en los hoteles? ¿Entre los viajeros hay muchos lectores de la Biblia?

A las cuatro de la mañana me despertaron las risas, las carreras por el pasillo, los empujones contra las paredes. Era la gente de Varig, de la fiesta, que después de la cena y el baile terminaba la noche persiguiéndose por los pasillos del hotel. Asomé la cabeza por la puerta, más por curiosidad que para poner orden. Alcancé a ver a dos parejas de compañeros de oficina, todos brasileros, entrando a la habitación vecina entre risas.

Me costó volver a dormirme. Imaginaba cómo sería una vida de hoteles, con fiestas y risas, sin compromisos, como si se tratara de una nueva dimensión donde reinaban la irrealidad y la imaginación y la vida comenzaba a ser lo que siempre debería ser: ficción.

Y en esa ficción, siempre aparecía lo que no tenía. Una vida de viajes para escribir. O escribir para viajar. Da lo mismo, no tenía ninguna de las dos cosas, ni de cerca. A los veinticuatro años había viajado poco o casi nada, y seguía con la ficción de vivir de una escritura portátil mientras avanzaba en la rutina del oficinista.

La imaginación me ayudaría a vivir una vida que no tenía, y por la que no hacía nada para conseguirla. Pero la vida es real, así como lo eran los brindis del cuarto de al lado. Me quedé dormido sin saber, hasta entonces, que semanas más tarde saldría escapando de un ambiente de Harvard donde todos tenían la vida resuelta. Y desperté, unas horas más tarde, sin tomar en cuenta que esa noche, en Bolivia, había conocido por primera vez lo que era dormir solo en un hotel.

8

En unas horas tomaré un avión rumbo a Guatemala, y me gusta saber que estaré tan cerca de México. En Guatemala hay miles de personas que diariamente cruzan de manera ilegal a México. Muchos de ellos se quedan a vivir en el D.F., en la ciudad donde está el último Hotel España de este recorrido.

No conozco Guatemala, y sin embargo me resulta un lugar familiar. Y no lo digo por los libros de Augusto Monterroso, ni las novelas de Rodrigo Rey Rosa, ni las fotos y los homenajes a Rigoberta Menchú. La familiaridad con el país viene de mucho antes. Desde aquel día que, en mi vida de diez años y en la de mis compañeros de cuarto básico, se nos cruzó «El Guate».

Era mitad de año, estaba nublado y por la puerta apareció el inspector general. Interrumpía la clase para decirnos que teníamos un nuevo compañero. «Se llama Juan Carlos Leonardo y es de Guatemala. Trátenlo bien».

A los pocos minutos el nombre y apellido del nuevo compañero pasaron a mejor vida: había nacido «El Guate». El Guate era grandote, le gustaba el básquetbol, tenía tres años más que el resto y, a diferencia de todos nosotros, ya se afeitaba los bigotes. El Guate llegaba al colegio con chofer, arriba de un Mercedes Benz verde claro con una banderita de Guatemala flameando. Si en los hoteles me gustaba ver patentes de otros lugares, ver un auto con la bandera de otro país lo superaba con creces: había otros lugares fuera de ahí.

El Guate no tenía buenas notas, pero a todos nos caía bien (incluidos los profesores). Tuvo varias novias, y fumó antes que ninguno. Su padre era militar, enviado a Chile en plena época de Pinochet. No calculaba entonces lo que eso podía significar, más aún pensando que Guatemala vivía una feroz guerra civil con cientos de miles de desaparecidos. Las pocas veces que vi al papá de El Guate andaba con un traje verde de insignias doradas y brillantes que opacaba la cara triste del resto de los apoderados. En un Chile donde todavía no existía el *ketchup*, El Guate tenía envases de tres marcas distintas en la cocina de su casa. En un Chile desconectado del planeta, El Guate era un pedazo de mundo dentro de la sala. En ese entonces, ninguno quería tener un país dedicado, casi exclusivamente, a liderar *rankings* económicos. En ese entonces, y para todos nosotros, nuestro líder era Guatemala.

Después de un par de años, cuando terminó la misión de su papá, llegó la hora de hacerle una despedida a El Guate. A alguien cursi se le ocurrió regalarle un álbum con la foto individual de cada uno de nosotros, y hasta se contrató a un fotógrafo para que el recuerdo de Chile fuera profesional. Un par de contactos esporádicos, y rápidamente El Guate se fue de escena. Se borró, como todo extranjero, hasta hace unas semanas, en que supe que volaría a Guatemala.

Los viajes no solo sirven para juntar recuerdos nuevos, sino para desempolvar viejas historias. Y así como una película, una novela o una canción pueden hacernos recordar e imaginar ciudades que no conocemos, un compañero de colegio, que fumaba antes que ninguno y le ponía *ketchup* a toda la comida, puede hacernos familiar un país que sin él sonaría todavía más extraño.

Antes de partir al aeropuerto *googlié* a El Guate. Si es el mismo que alguna vez entró a la sala de clases, ahora trabaja en una universidad de Ciudad de Guatemala. Le acabo de mandar un *e-mail*, para que nos tomemos un café. Tal vez ni responda. Ahora el encuentro será diferente, porque las cosas han cambiado. Ahora Chile está convencido de ser ejemplo para países como Guatemala y cuando nos abracemos, si nos vemos, él ya no será el extranjero.

9. Vivir entre linchamientos

Salir del hotel es una manera de enfrentar la realidad. Pero a veces, aunque uno no quiera verla, la realidad se cuela por cualquier rendija y te enfrenta directamente. Como ahora, que estoy en Ciudad de Guatemala, y me aparece la historia de vidas entre linchamientos.

En este mismo momento están linchando a tres mujeres guatemaltecas. Los gritos de la turba enardecida dan escalofríos. Una de ellas acaba de morir ahorcada en manos de los vecinos, que le estrangularon el pescuezo hasta que por fin dejó de aletear. A otra la están quemando viva, tras lanzarla moribunda de patadas a una hoguera en mitad de la plaza. La poblada está enceguecida, y clama «justicia» con furia. La tercera de las mujeres no aparece, nadie la ve, seguramente porque ya la han lanzado barranco abajo. «En Guatemala la justicia se hace con las propias manos», comenta el reportero con voz agitada, excitado por la escena que está presenciando, mientras relata en vivo y en directo lo que está sucediendo frente a sus zapatos. La transmisión radial del linchamiento acompaña el viaje en taxi, por el centro de Ciudad de Guatemala.

—¿Nunca escuchó un linchamiento? —me pregunta el taxista, mientras avanzamos por calles angostas salpicadas de policías con metralletas, guardias privados con fusiles a la vista y casas con alambrados y cercos eléctricos.

Todo ocurre en Guatemala, un país con doscientos cincuenta mil desaparecidos durante los últimos gobiernos militares. Un lugar de Centroamérica que, actualmente, es la capital mundial de los linchamientos. Sin bajar el volumen de la radio, con los gritos de la turba de fondo y el reportero dando detalles forenses de la venganza urbana, el taxista comenta la transmisión con la familiaridad de quien opina de un partido de fútbol emitido por radio. Agrega datos y analiza las jugadas. El linchamiento está sucediendo en la población de Camotán, en el departamento oriental de Chiquimula, apenas a tres horas de donde estamos avanzando ahora. Cuenta que esta mañana, en Camotán, apareció muerta una niña de nueve años. Y no solo eso: el cuerpo de la menor estaba sin sus órganos vitales. Pocas horas más tarde del hallazgo, una turba de pobladores de Camotán se lanzó sobre tres mujeres, vecinas del pueblo, acusándolas del asesinato para traficar con los órganos de la menor. Esa lapidación, que ya lleva varias horas, es la que venimos escuchando en el taxi amarillo de Amarillo-Express: una empresa que ofrece los traslados más seguros de la ciudad.

—Si esto no se para así, después nos van a matar a todos los niños de Guatemala para sacarles los órganos. Yo estoy de acuerdo con los linchamientos —dice el taxista, con un brazo afuera de la ventanilla, mientras a tres horas de aquí un pueblo abalanza su furia sobre tres mujeres.

* * *

«Meneses, ya son las nueve», se escuchaba al otro lado del teléfono, y si me había dormido temprano, respondía «ok, gracias», y a los pocos minutos ya estaba debajo de la ducha.

Nuevo día en la vida de hotel. La mañana siguiente a una noche que terminó tarde, con un especial de Paulina Rubio en el karaoke del piano-bar. Como en muchos cinco estrellas de Ciudad de Guatemala, en el desayuno se ven parejas de estadounidenses que vienen a adoptar niños en trámites que no duran más de una semana. Apenas una firma notarial, cuarenta mil dólares en efectivo, y estas mismas parejas que ahora toman café, comen huevos con tocino y hablan por celular, regresarán a sus ciudades con un niño guatemalteco en el equipaje de mano. Se habla de casi un millón de menores repartidos en hogares de Estados Unidos y Europa, por la facilidad de los trámites adoptivos. Pese a ser un país tan pequeño y sin ningún logro deportivo internacional en toda su historia, Guatemala actualmente ostenta dos importantes récords mundiales: es el que deja emigrar a más niños por adopción, y el que tiene los más altos índices de linchamientos.

Esta mañana aparece en los diarios la noticia del linchamiento de ayer. La niña asesinada, y a quien luego le extrajeron los órganos, se llamaba Alba Michell España Díaz. Tenía nueve años y había muerto una semana antes. Su muerte había conmovido a Camotán porque Alba Michell no era un niña cualquiera: un año antes había ganado el concurso «Miss Chiquita», un certamen de belleza de las niñas del barrio. Una alegría familiar que no pudo presenciar su padre, Vinicio España, quien a pesar de tener un apellido tan peninsular, trabaja indocumentado en Estados Unidos. España, el padre de Alba, hoy aparece en los diarios pidiendo justicia desde un teléfono público de alguna ciudad norteamericana que no se precisa, seguramente, para la seguridad laboral de este padre guatemalteco que forma parte de los diez millones de latinoamericanos ilegales en Estados Unidos.

Según todos los informes, no hay culpables del linchamiento de ayer. En estos casos, nunca los hay. Se vive la cultura del «nadie fue», igual que en *Fuenteovejuna*, la comedia de Lope de Vega. Esa obra, basada en hechos de 1476, cuenta la venganza de los vecinos contra el cruel y déspota comendador de la Orden de Calatrava. Después de violar a la joven Laurencia, el comendador es perseguido por todo el pueblo, que en masa se amotina y lo mata en su palacio. Los Reyes Católicos, enterados de lo ocurrido, envían al pueblo un juez. Pero los vecinos resisten los interrogatorios y torturas para pronunciar solamente la «Fuenteovejuna». Cuando el juez les pregunta: «¿Quién mató al comendador?», cada uno contesta: «Fuenteovejuna, señor». Y vuelve a preguntar el juez: «¿Y quién es Fuenteovejuna?». Y cada uno contesta: «¡Todos a una!».

El Periódico de Guatemala informa que ayer en Camotán los enardecidos pobladores quemaron una autopatrulla y una motocicleta de la Policía Nacional Civil, buscaron y localizaron a tres mujeres a las que acusan del crimen y procedieron a linchar a una de ellas. La otra está detenida y la tercera no aparece. No hay un solo detenido por los disturbios. Y no lo habrá ni al final de esta historia, ni al final de nuestros días.

* * *

Los linchamientos suelen ser sorpresivos. Como los ataques de ira o de epilepsia o de pánico. o como algún atentado explosivo. Claro que a diferencia de aquellos grandes golpes, planificados por meses con mente fría y precisión quirúrgica, estos ataques son a gritos, a patadas, a pedradas, con golpes bajos, con puñaladas por la espalda, torpes y espontáneos. O, por lo menos, todo lo espontáneo que se puede ser en el territorio de los España. Según la Organización Panamericana de la Salud, en América Latina mueren 1250 personas al día como consecuencia de la violencia.

Los linchamientos no avisan que vienen. Son como las fracturas de los futbolistas. Son como un herpes, que de pronto está ahí, que no sabes cómo vino pero te quema debajo del labio. Guatemala es como una boca llena de herpes.

Los linchamientos son lo más parecido a la pérdida de control. Son el contraejemplo perfecto de gobiernos socialdemócratas que defienden la justicia y la economía por sobre la educación y la salud. Son el fin de los viejos jueces de la Corte Suprema. Son una demostración de que juntos se puede, de que es cosa de empujar todos para el mismo lado, con ganas, fuerza, furia, empeño, arrojo, olvidando los personalismos, sin caudillos, todos a la par, todos con un solo objetivo. Fuenteovejuna.

Los linchamientos son un partido de fútbol americano donde un equipo es todo un pueblo y el otro lo forma una sola persona, y la cabeza de este último también es la pelota. Los linchamientos son un deporte, donde puede competir cualquiera, y donde la mayoría de las veces los competidores lanzan patadas, encienden fuego, y matan a golpes muchas veces sin siquiera saber a quién se le quita la vida, ni la razón de esta muerte.

A diferencia de los linchamientos modernos, aquellos mediáticos, en que las camionetas de la TV hacen guardia día y noche para mostrar al culpable, al hombre elefante del día, al rostro a quien vamos a maldecir esta noche mientras comemos frente al televisor, a diferencia de todo eso, los linchamientos de Guatemala son a la antigua. Son con las propias manos, por los vecinos, y por eso mismo son tan difíciles de ver en directo: cuando los canales de televisión llegan, las personas ya están muertas. Si el reportero de la radio transmite por teléfono, como el de ayer de Camotán, debe hacerlo a escondidas: «Me están amenazando de lincharme si sigo transmitiendo, me dicen que me aleje», gritaba el reportero, y el taxista del Amarillo-Express donde lo escuchábamos lanzaba una sonrisa.

Como no se puede predecir un linchamiento, ni acreditarse para ver los golpes y los alaridos de aquel cuerpo doblado por las llamas, solo queda sentarse en un café a esperar que algo suceda en la esquina más próxima. Como jugando al Bolido, la lotería de Belice que los guatemaltecos compran compulsivamente, elijo el mercado de Ciudad de Guatemala para ver si sucede algún linchamiento.

Por la calle pasan vendedores de gallinas, niños con camisetas del Real Madrid y del Barcelona, vendedoras de uña de gato vestidas con aquel traje típico que hizo conocida internacionalmente a Rigoberta Menchú, la guatemalteca más famosa, Premio Nobel de la Paz en 1992, y que en las últimas elecciones presidenciales dijo que en su gobierno ella pensaba detener los linchamientos con justicia, frenar la inmigración de niños con mejores leyes, y fomentar la cultura con la ayuda de su amigo el cantante Ricardo Arjona a cargo del Ministerio de Cultura.

Estadísticamente en Guatemala hay más de cien linchamientos al año, y desde la aparición de las maras, las pandillas, la cifra sigue creciendo cada temporada. Es decir, cada tres días, todo el año, sale un nuevo herpes en el país.

* * *

Sin bien Guatemala tiene el actual récord de lapidaciones, históricamente se consideró el linchamiento como el crimen nacional de Estados Unidos. No solo eso. La palabra linchamiento deriva de la ley de Lynch, dictada por el juez del estado de Virginia Charles Lynch, quien en 1780 ordena asesinar sin previo juicio a una banda de conservadores.

Entre 1882 y 1903 fueron linchadas en Estados Unidos más de tres mil personas, de las cuales casi dos tercios eran negros y la mayoría fueron linchados en los estados del sur.

Pero también hay otras hipótesis para el origen del nombre. Hay quienes aseguran que viene de James Fitzstephen Lynch, un mayor y guardián de la ciudad irlandesa de Galway, el cual procesó, condenó y mató a su propio hijo en 1493.

Y hay otra teoría sobre los linchamientos, que no se detiene en el origen del nombre, sino en el inicio de la tradición de hacer justicia por mano propia y que habla de la «venganza aymará».

Fue precisamente esta ancestral tradición aymará de la justicia por mano propia la que se argumentó en el 2004, cuando el alcalde de llave en Perú, y el alcalde de Ayo Ayo en Bolivia, fueron linchados en menos de dos meses de diferencia por actos de corrupción. Las dos ciudades, si bien pertenecen a diferentes países, están separadas por pocos kilómetros y pertenecen a la zona llamada Nación Aymará.

* * *

Después de pasar toda una tarde en espera de que suceda un linchamiento, levanto el puesto de vigilancia en el mercado de Ciudad de Guatemala y pienso en volver al hotel. Finalmente, no hay sitio más familiar que un hotel. Unos gritos lograron alertarme, un par de horas antes, pero el alboroto había sido provocado apenas por una riña entre dos borrachos que peleaban por la mitad de una botella de aguardiente.

Así como el número de linchamientos crece en Guatemala, el mundo entero vive días en que la justicia por mano propia gana adeptos. Los candidatos que proponen la autodefensa, en días en que cualquiera propone atacar la delincuencia de raíz, suman y suman votos de un electorado mundial que parece orgullo de la sed de venganza.

Pero no todo son malas noticias. En tiempos dominados por el individualismo, los linchamientos parecen ser la última gran causa colectiva. Una de las pocas actividades capaces de movilizar, con tanto ímpetu, a todo un pueblo. Más que en la final de un campeonato de fútbol, más que cualquier ideología política.

El escritor guatemalteco Augusto Monterroso escribió que para el hombre existen solo tres temas: el amor, la muerte y las moscas. Las horas posteriores a un linchamiento, las calles quedan con olor a muerte y por varios días son sobrevoladas por millones de moscas.

En las tres semanas que siguen a lo de Camotán, en Guatemala se llevaron a cabo quince nuevos linchamientos. En ninguno de ellos hubo culpables, y en más de diez el resultado fue de al menos un muerto. En la mayoría de los casos, los familiares siguen clamando justicia argumentando la inocencia de sus hijos, hermanos o primos que perdieron la vida en manos de la turba. Pero ese pedido de justicia sólo queda flotando como una ironía. En la práctica, la muerte sin responsables de sus familiares solo ayuda a acumular resentimiento. El odio necesario para cuando alguien grite «ahí está el culpable», y entonces otra vez, a empuñar las manos, apretar los dientes, y a correr por las calles principales del pueblo dando golpes y patadas y pedradas hasta matar a la siguiente víctima de la lista. Hasta dejarla con la cara desfigurada, o con el rostro en la tapa de los diarios, en el caso de los linchamientos más modernos.

10

El Hotel España de Guatemala queda en pleno centro de Ciudad de Guatemala, en la zona 1. Un sector por el que recomiendan a los turistas andar con cuidado, y donde por las noches parece vivir una suerte de toque de queda. Al irse el sol las calles quedan semivacías, los autos pasan con luces rojas y se suele ver militares cargando fusiles de su mismo tamaño.

El Hotel España queda en la esquina de la calle 15 y la avenida 9, tiene unos sillones de cuero negro en la entrada y tanto las puertas como las ventanas están enrejadas. Al principio, uno piensa que es para protegerse de la inseguridad externa, pero hay un dato que hace variar el punto de vista. El Hotel España de Ciudad de Guatemala tiene uno de los destinos más tristes de todo Latinoamérica: es el lugar donde la policía aloja a los inmigrantes que esperan ser deportados.

Guatemala, que se independizó de España el 15 de septiembre de 1821, firmó hace un par de años un convenio con Estados Unidos que permite que cualquier inmigrante (encontrado en aguas nacionales o internacionales por los estadounidenses) sea traído a territorio guatemalteco y deportado desde aquí.

Mientras se resuelve la situación de los inmigrantes ilegales (en su mayoría centroamericanos y ecuatorianos en camino a Estados Unidos), se les aloja en algunos hoteles de la ciudad: el albergue Anexo DGM, el Hotel Capri, y el Hotel España.

A los inmigrantes ilegales que devuelve Estados Unidos, hay que sumar los que devuelve México, que en los últimos años han tenido un promedio anual de cien mil.

Finalmente, en Ciudad de Guatemala me junté con El Guate. Estaba viejo, pelado y usaba anteojos. Llegó al hotel con traje y corbata, porque venía de su trabajo como encargado de transportes de la Universidad Jesuita de Ciudad de Guatemala. Me contó que está casado, que tiene dos hijos, y que su padre militar murió hace varios años. Me dijo que en la familia siempre hablan de sus años en Chile, y que su madre los recuerda como tiempos muy elegantes y de muchas fiestas y galas, y que ella guarda varias fotos del matrimonio junto a Augusto Pinochet y los otros agregados militares de Latinoamérica. Me dice que nuestro curso se llenó de hijos de militares extranjeros por recomendación del propio Pinochet, quien les recomendaba evitar colegios para hijos de diplomáticos y colegios ingleses porque en esos lugares, decía, los dejaban ir con pelo largo y fumaban marihuana. Entonces, les pasaban una lista de colegios de curas conservadores donde obligaban a ir con el pelo corto y tener una disciplina más rigurosa. Me dice que le encantaría ir a Chile, y comienza a enunciar todas las ciudades y lugares que conoció. Hablamos del ecuatoriano, del colombiano, de la hondureña y del peruano, todos hijos de agregados militares que un día se aparecieron como compañeros de colegio nuestro y ahora, recién ahora, entiendo la razón. Estaba en un colegio donde los militares latinoamericanos de la década del ochenta, plena época de dictaduras, sentían que sus hijos podían ser educados sin riesgo.

—¿No quieres ir a Antigua el fin de semana? Es muy lindo, te va a encantar. Además, es muy segura —me invitó, antes de despedirnos, pero le dije que iría a Antigua al día siguiente y que muchas gracias.

Y al día siguiente del encuentro con El Guate, en un taxi compartido por más turistas, se inicia el viaje a Antigua.

El que maneja el Nissan gris se llama Rubén, es guatemalteco, tiene veinticinco años, el pelo corto, una novia, un hijo en camino, un hermano que cruzó ilegal a Estados Unidos después de pagar cinco mil dólares para entrar por Tijuana, y un trabajo de chofer en una pequeña empresa de turismo. Atrás de él va sentado Juan Manuel, un asturiano de cuarenta y cinco que vive en Madrid hace un lustro. Es calvo, usa un collar de conchitas, tiene un teléfono satelital, y tiene un cargo alto en una ONG española que trabaja en las zonas más pobres del mundo. Hace dos meses que está en misión en Guatemala, y si bien funciona en la capital, cada fin de semana que puede se escapa para Antigua porque «ahí se puede caminar por las calles más tranquilo, sin tanto miedo».

La cuarta es Lisa, va sentada junto a Juan Manuel. Ella es una estadounidense de veintiséis años, que aprendió a hablar español en Viña del Mar, durante un intercambio estudiantil mientras estudiaba la carrera de Negocios. En Chile tuvo un novio que ahora vive en Argentina, mientras ella se regresó a Estados Unidos para vivir en Nueva York, donde es ejecutiva junior en una empresa que mueve dinero en la bolsa y ayuda a los grandes clientes a invertir sus millones. Es nueva en su trabajo, y como parte del entrenamiento, sus jefes de Manhattan la enviaron hasta aquí para que asesore —gratuitamente, durante tres semanas— a pequeños empresarios guatemaltecos que buscan salir de la extrema pobreza.

Todos vamos hacia el mismo lugar, y el destino ha querido que coincidamos en este auto. Rubén, el chofer, nos pasó a buscar uno a uno a los diferentes hoteles, después de que los tres pagamos diez dólares por el viaje. Es la primera vez que nos vemos, pero a los pocos minutos de salir de Ciudad de Guatemala, los cuatro vamos hablando como si nos conociéramos de toda la vida.

Le pregunto a Rubén, el chofer, por el linchamiento de hace unos días, y me cuenta que por lo menos una vez a la semana en Guatemala se lincha a alguien. «En este país, la gente ya decidió hacer justicia por mano propia», dice, mientras baja el vidrio. Juan Manuel, el español, cuenta que hace dos noches cenó con el embajador de España. Rubén y Juan Manuel saben un dato que los otros dos desconocemos: hace unos años la policía quemó la embajada española con una veintena de guatemaltecos que se refugiaban adentro, y que murieron calcinados. Lisa, la norteamericana, cuenta que el *lobby* de su hotel cinco estrellas está lleno de parejas de europeos y americanos, que por unos miles dólares y con trámites «superrápidos», adoptan un niño guatemalteco.

De pronto, los cuatro, el guatemalteco, el español, la estadounidense y el chileno estamos hablando de cómo poder solucionar la situación que vive Guatemala. Nos sorprendemos de que sea uno de los países con peor distribución económica del mundo, y le damos consejos a Rubén cuando nos explica que las maras, estas pandillas de jóvenes narcos que dominan en gran parte de Centroamérica, están ganando y ganando terreno.

La ruta está despejada, y el camino atraviesa zonas de un verde intenso, rodeadas de montes y volcanes. En los postes de la luz hay afiches de los candidatos presidenciales de las próximas elecciones. Hay niños que se cruzan en las calles, y buses con turistas que van y vienen entre Guatemala City y Antigua.

En un momento, cuando estamos llegando a destino, los cuatro coincidimos en la conclusión de que Guatemala necesita un cambio, pero que se ve difícil que ese cambio se produzca. Lo decimos convencidos, en serio, como si en vez de estar arriba de un Nissan rumbo a una ciudad con buenas fiestas, buenos restaurantes, buenos paseos y buenas tiendas, ideal para pasar un fin de semana de turismo, estuviéramos en mitad de un foro sobre los rumbos que debe tomar la Guatemala del mañana y la América Latina del Bicentenario.

Después de llegar a Antigua, nos bajamos en la oficina de turismo y nos despedimos con un apretón de manos. «Hasta la próxima», «nos vemos», «que siga bien tu viaje», y cada uno se va para su lado, como siempre. En mi caso, la oficina de turismo, donde pregunto si en la ciudad hay un Hotel España.

11

En el periodismo portátil todas las historias se pueden vender, con tal de sobrevivir escribiendo historias. Por eso, no me pareció mal publicar algunos textos de mi vida de hotel. En realidad, por entonces, todavía no me parecía un problema vivir en el España de Buenos Aires.

Desde hace varios meses vivo en esta habitación. Nunca he sabido bien por qué me acomoda esto. Tal vez porque de niño me maravillaba saber que había gente que vivía en hoteles, o quizás en otra vida fui recepcionista o mucamo o pequeño hotelero o vendedor viajero. Seguramente, porque nunca he podido formar mi propia familia. No tengo idea de la razón exacta. Pero vivo aquí. En la calle Tacuarí 80, casi llegando a la avenida de Mayo.

William Faulkner sostenía que el oficio perfecto para un novelista era ser sereno nocturno en un hotel. En la primera época, a mí me parecía que el oficio perfecto era viajar buscando historias que te gustaban y volver a escribirlas al hotel, sin necesidad de obligaciones domésticas y disfrutando todos los días de toallas nuevas.

Al principio lo tomé como una solución práctica de cronista: podía viajar sin problemas por varias semanas, volver a la casa-hotel para irme a otra casa-hotel y todo seguía igual. En esa época pensaba que los más hogareños eran los hoteles ejecutivos de la cadena Holiday Inn: son todos tan iguales que enternecen. Puedes estar en veinte distintos, durante un mes, y es como si nunca te hubieras movido. Todo en serie. Casi perfecto. Pero después, con el tiempo, esto se me ha tornado una maldición: siempre termino viviendo en hoteles, aunque no lo quiera. Por mucho que sueñe con detalles como tener un jabón más grande que no me cambien todos los días, o con toallas que sigan húmedas cuando regrese por la tarde, vuelvo a la habitación 54.

He ido y vuelto de los hoteles tantas veces que no lo recuerdo. Entremedio he cambiado de ciudades, de trabajos, de novias. Pero el hotel siempre está a la vuelta de la esquina. Lo mismo deben sentir los alcohólicos cuando ven un bar, o los putañeros cuando se topan con los avisos económicos mientras leen el diario.

Deben sentir, igual como cuando yo veo un hotel, que basta de tantos sacrificios y penurias y que, en realidad, todo se puede mandar a la mierda porque la felicidad está a la vuelta de la esquina. En el hotel más cercano. Por mucho que se crea lo contrario, la gente que vive en hoteles es más común de lo que se piensa. La mayoría de las veces, diría, son demasiado comunes. Revisando en mis archivos se pueden distinguir claramente estos tipos de huésped de hotel:

El separado. Tu mujer te acaba de expulsar de casa y estás muy viejo (o te llevas pésimo) como para regresar a la casa de tus padres. Tus hermanos y amigos ya te han contado, casi como advertencia, que la casa donde viven con sus familias cada vez les queda más chica. Bueno, entonces, nada mejor que irte a vivir a un hotel a esperar que el chaparrón emocional pase.

El inmigrante. Llegaste a la nueva ciudad a cumplir todos tus sueños y fantasías, pero no conoces a nadie y necesitas un campamento base donde iniciar tu escalada. Por cierto, a los pocos días te das cuenta de que *La vida es bella* no es otra cosa que una predecible película italiana. Entonces, sin darte cuenta, un día descubres que llevas varios meses viviendo en la 407.

El artista. Alguna vez leíste *Hoteles literarios*, de Nathalie de Saint Phalle, y te convenciste de que la mejor manera de escribir y de terminar tu genial obra (literaria, musical o pictórica), es encerrarte en las cuatro paredes de un hotel de ciudad grande.

Al poco tiempo te diste cuenta de que no avanzas en tu propósito creador, pero para ese momento ya llevas casi un año viviendo en un hotel y ya te acostumbraste.

El empleado. Tu empresa te trasladó de ciudad y sólo regresas a casa los fines de semana. Cuando vuelves, tu mujer o tu madre te atienden como un rey, por lo que jamás se te ocurriría comenzar a habilitar una casa propia donde hacerte la comida y la cama. Como la empresa corre con los gastos y el recepcionista es tu amigo, las mujeres que subes te las anotan como llamadas de larga distancia. En unos meses, tu familia no entiende por qué te pones tan feliz el domingo en la tarde, cuando debes volver al hotel.

El jubilado. Tienes setenta años, no te casaste, ni tuviste hijos, ni te ves con tus hermanos. Trabajabas bien y la jubilación te alcanza para una habitación de hotel porque te parece que en un sanatorio para la tercera edad vive mucha gente parecida a ti.

El desarraigado. Lo intentaste dejar mil veces. Probaste con novias con departamento, con alquilar un piso compartido o llegaste a pensar en la casa propia. Cuando estabas por dar el paso de la estabilidad, tuviste que cambiar de ciudad y partir de cero. Cuando miras tu vida hacia atrás descubres, a veces con horror, otras con cierta simpatía, que las únicas raíces que conservas son las de tus muelas.

12. Vivir de contrabando

El Hotel España de Asunción está en pleno centro de la capital paraguaya. Tiene 53 suites que cuentan con baño privado, aire acondicionado, TV cable y mini bar. Las camas tienen una colcha dorada que brilla con luz propia, y los vasos del minibar tienen borde dorado. El edifico tiene dos pisos y una construcción de los setenta que recuerda a un hotel de carretera. En el frontis, flamean dos banderas: la paraguaya y la española. En el patio trasero del Hotel España de Asunción hay una piscina amplia, y mesas donde uno puede tomarse una cerveza o una limonada, para pasar el calor. El hotel tiene tres estrellas en la categoría paraguaya, doble guardia de seguridad por las noches y un restaurante amplio que se llama Andalucía. El Hotel España de Asunción fue construido durante la dictadura de Alfredo Stroessner (lo que no es tan difícil de lograr, pensando que Stroessner estuvo en el poder entre 1954 y 1989), y está ubicado en la esquina de las calles Eduardo Víctor Haedo y 15 de Agosto. El 15 de agosto es el día que por primera vez se izó la bandera tricolor de Paraguay, con los colores que ahora se le conocen. Fue en el 1812, a un año de la independencia de España que se inició en 1811.

Desde la estación de buses de Asunción hasta el Hotel España hay veinte minutos y cinco dólares. Recuerdo que llegué a la estación de buses de Asunción desde Ciudad del Este, donde había ido a escribir un reportaje a la ciudad que muchos conocen como «el culo del mundo».

* * *

«Puedes conseguir de todo, puedes conseguir de todo, puedes conseguir de todo...» Me lo dijeron tantas veces, que me vine hasta aquí, al lugar donde supuestamente uno puede conseguir de todo. Estoy en Ciudad del Este, en Paraguay, para contar una historia de vidas de contrabando.

Ya han pasado varios días. Recuerdo que cuando Rogelio apagó la radio de su taxi, el asunto se puso serio. Lo que tenía para decir no lo podían escuchar ni siquiera Los Broncos, el grupo mexicano favorito del taxista y de media Ciudad del Este. Estábamos en el cruce de las calles Curupayty y Adrián Jara, una esquina que durante el día es la oficina de vendedores ambulantes, policías con escopetas al hombro, cambistas informales y cargadores de cajas. Ya había pasado la medianoche según el reloj taiwanés con luces amarillas y rojas pegado sobre el tablero del Nissan. Estábamos estacionados afuera del Executive, mi hotel en la ciudad. Aprovechando el silencio de la no-música, Rogelio se dio vuelta y, con ese tono cómplice de los taxistas a la medianoche, me lo repitió lentamente:

—Hermano, en serio, si andas buscando un pasaporte, yo te lo puedo conseguir. Un pasaporte uruguayo, con tu foto y otro nombre, demora tres días.

Después de una semana en Ciudad del Este, la ciudad maldita de la triple frontera entre Brasil, Argentina y Paraguay, uno se va acostumbrando a recibir las ofertas más variadas. El mandamiento número uno del libre mercado dice que si hay oferta es porque hay demanda, y en esa lógica nada debería sorprender. Ni siquiera ese reloj de intermitentes luces amarillas y rojas al que, seguramente, en una noche de ácido le terminas pegando un balazo.

Ciudad del Este tiene mala prensa. No hay reportero que hable bien de esta ciudad paraguaya de casi quinientos mil habitantes, capital del departamento de Alto Paraná y ubicada a 330 km de Asunción. Generalmente se trata de historias rápidas, reporteadas en menos de un día, como si bastara con recorrer el centro y llenar tu equipaje de compras baratas para volver a tu ciudad con la libreta repleta de frases y citas que confirmen los prejuicios. Es otra ley del mercado: la ciudad con más contrabando de Latinoamérica genera las investigaciones más fraudulentas del continente. Y nadie dice nada.

—Acá puedes conseguir todo lo que tú quieras —me dijo riendo, pero en serio, la vendedora de la única agencia de viajes instalada en la terminal de autobuses de Ciudad del Este.

Por si quedaban dudas, la encargada de ofrecer el poco turismo del lugar me remarcó:

—Todo lo que tu imaginación quiera lo puedes conseguir —y sonrió, como si hubiera recordado a Warhol y su «la imaginación no debe tener límites». Ese es el primer contacto con la ciudad tras llegar desde Foz de Iguazú, del lado brasilero. De ahí, con la imaginación trabajando sin parar, me subí a un taxi hasta el hotel.

* * *

En los hoteles viven muchos contrabandistas. Más de una vez, al Hotel España de Buenos Aires llegó la policía y se llevó a algún pasajero que andaba de viaje con maletones gigantes de mercancía ilegal. Seguramente, mi alojamiento aquí tendrá mucho de eso. Cruzamos la ciudad, que parece sacada de un video del grupo de hip hop Calle 13. Dicen que el Executive, el mejor tres estrellas del centro, alguna vez tuvo mucho prestigio. Hoy, cuando entras, te recibe un tipo de bigotes y chaqueta de cuero negra, que más parece cajero de una compraventa de dólares que recepcionista de hotel. El ascensor ya no se detiene en el tercer piso, el frigobar suena como una radio mal sintonizada, las sábanas son ásperas, la cerradura está floja, el seguro de la puerta no funciona, la ducha eléctrica tiene los cables a la vista y, en los pasillos alfombrados, la gente va abandonando las cajas de cartón de sus últimas compras.

A la mañana siguiente, en el salón del desayuno, los ocupantes del Executive se dividen en dos: por un lado, los grupos de turistas que recorren las cataratas de Iguazú y la represa de Itaipú, y los que andan en plan de negocios.

—Una vez por semana vengo a esta ciudad —me dice Sonia, mientras enrolla los tres cortes de jamón que se va a tragar de una mascada.

Sonia es una comerciante de Brasil, aunque habla español con el acento del este argentino. Sonia es rubia de peluquería y gorda de hamburguesas y Coca-Cola. Tiene casi cincuenta años, dos matrimonios, cuatro anillos, un celular amarillo con cámara de fotos y casi cuarenta equipos de DVD para llevar a Brasil.

—Anoche me quedé jugando hasta tarde. Podría venir por el día, como hace la mayoría, pero una vez a la semana me gusta quedarme aquí y hacer todo con más calma, incluida mi pasada por los casinos —dice, antes de agregar que sus vicios son las máquinas tragamonedas y las compras.

Al segundo día en Ciudad del Este uno se da cuenta de que, más que vender, a los comerciantes les gusta encontrar buenos precios de compras. Para eso, ella suelta un consejo que decido seguir desde esa mañana: «Es bueno hacer una lista con las cosas que más te llamen la atención y al lado poner el precio. De esa manera te vas guiando entre tanto comercio».

* * *

Puedes conseguir de todo, puedes conseguir de todo, puedes conseguir de todo. Me lo dijeron tantas veces, que me vine hasta aquí, al lugar donde supuestamente uno puede conseguir de todo. Quince minutos pasaron antes de que tuviera que pagar mi primera coima en Ciudad del Este. Me la pidió el tipo de la aduana para timbrar mi pasaporte tras cruzar el puente desde Foz de Iguazú. El puente se llama «de la Amistad» y, aunque tiene setecientos metros, se hace interminable con el infinito ir y venir de taxis, camiones, camionetas, motos, bicicletas y gente a pie, todos transportando cajas de un lado a otro, entre Paraguay y Brasil, originando la mayor zona de tráfico de todo tipo en Sudamérica.

—Le falta el timbre de Brasil —me dijo el oficial de la aduana, recién ingresando en Paraguay.

—Sí, pero en Brasil no me timbraron. Tengo la salida de Argentina, desde Puerto Iguazú, pero me dijeron que no era necesario si solo iba de paso por Brasil para Paraguay.

En esta zona del planeta es común que, en una misma frase, uno diga «Argentina», «Brasil» y «Paraguay». Quizás ese sea el motivo por el cual las autoridades de los tres países insisten con políticas para controlar la zona. Una esquina del continente donde la piratería, la falsificación, el tráfico de drogas y el lavado de dinero formarían una frontera sin límites.

Más que grupos islamistas entrenándose, cosa que parece descartada, la preocupación es que el dinero que se lava aquí pueda ir para financiar a ese tipo de agrupaciones. Según informes fiscales de Nueva York, en los últimos dos años han salido de Ciudad del Este más de dos mil millones de dólares.

—Le falta el timbre de la aduana y, si se quiere quedar varios días, lo va a necesitar —me repitió el agente de la aduana y llamó a un compañero de trabajo y hablaron en voz baja mientras uno jugaba con las páginas de mi pasaporte. A un costado, un anuncio gigante advertía que no se le pagara ningún dinero ilegal a la gente de la aduana.

—Son treinta dólares que debe pagar para pasar —y lanzó una bocanada de Marlboro falsificado.

Ante la negativa, me preguntó con cuánto dinero andaba. A los quince minutos, estaba negociando con el oficial de la aduana como si estuviera frente a un vendedor de anteojos de sol que se quiere desprender rápido de su mercadería.

—Está bien, páseme los diez dólares —y me timbró el pasaporte.

Cruzando el paso fronterizo un cartel anunciaba la bienvenida a Paraguay. «Bienvenido a la Triple Frontera». «Welcome to MERCOSUR».

* * *

Hace algunos años, Estados Unidos barajó la posibilidad de bombardear esta ciudad. La idea parecía simple: un escuadrón de aviones B-2 Stealth, conocido como «el bombardero invisible», sobrevolaría descargando kilos de explosivos siguiendo la cruzada cristiana de George W. Bush contra el avance musulmán. El plan, que se supo años más tarde, fue ideado por Douglas Feith, vicesecretario de Defensa de Estados Unidos, tras los atentados del 11 de septiembre de 2001 contra el World Trade Center de Nueva York.

Por fortuna para Kemmal Hannoud, un sirio-libanés que maneja una tienda de cámaras fotográficas, la idea de Feith no pasó de ser una afiebrada propuesta sin futuro.

—A nosotros se nos acusa de todos los males de Occidente. Se quiere hacer creer que todos los árabes somos terroristas suicidas y eso no es así —dice Kemmal, en un español mal pronunciado.

Kemmal, como muchos de los árabes que trabajan en Ciudad del Este, vive en Foz de Iguazú y viaja todos los días hasta aquí. Maneja un Mercedes blanco de 2002, usa un bigote ancho, se viste con colores oscuros y visita diariamente la mezquita de Ciudad del Este, en pleno centro de la ciudad. Enumera algunas cosas que le gustaría vivir: peregrinar a La Meca, vender como antes y dejar de escuchar que Ciudad del Este está plagada de células terroristas islámicas (se suele comentar, siempre sin pruebas, que aquí hay campos de entrenamiento de Hezbolá y Hamas y grupos dormidos de Al Qaeda).

—También me gustaría que te lleves alguna cámara —y se pone a desembalar unas cajas de Olympus refaccionadas que le acaban de llegar.

Por tercer día consecutivo paso por su local y siempre me repite que la mercadería es nueva y acaba de llegar. Creo que esa estrategia funciona mejor con las miles personas que vienen solo por un día.

No hay cifras oficiales, pero se estima que en esta zona viven unos diez mil musulmanes. Es común ver a mujeres caminando con la cara cubierta por el *chador* y a grupos de hombres hablando en árabe. En el televisor de mi habitación del Executive —un 24 pulgadas cuyo control remoto funciona mal— se ven menos de veinte canales de cable: casi todos los de Argentina, un canal de Corea, otro de Beirut y uno de Siria, y las cadenas de noticias en oferta son CNN y Al Jazeera.

Fue a principios de los noventa que la fama mundial de Ciudad del Este cambió. En gran parte, tras la publicación del libro *La globalización del crimen,* un *best-seller* alarmista del estadounidense Jeffrey Robinson, quien definió a esta ciudad como «el culo del mundo».

Desde entonces, dicen los árabes residentes, la ciudad no volvió a tener paz. Antes de los atentados del 11 de septiembre, los ojos giraron hacia el culo del mundo por los atentados en Buenos Aires contra la embajada de Israel y la AMIA en el 94.

Si bien Estados Unidos no concretó su bombardeo con explosivos sobre la ciudad en 2001, sí ha terminado avanzando sobre la región. Desde mediados del 2005, es un hecho oficial la presencia de un importante número de marines que trabajan en el país de forma independiente con respecto al Ejército paraguayo.

* * *

Otro día en Ciudad del Este, el lugar donde puedes conseguir de todo. Una ciudad que a las seis de la mañana ya está cubierta por el ruido de motores y gritos y carreras y música tropical y televisores encendidos y bocinas y silbatos de la policía y frenadas y vendedores que vocean precios y cajas arrastrándose y gallinas en jaulas y videojuegos y monedas contra el suelo. Cualquier calle es una fila de camionetas y cargadores y motos y gente a pie cargando mercancía. Por la avenida principal se ven más motos que en el sudeste asiático y en cualquier esquina te puedes encontrar con los *laranja,* expresión brasileña con que se denomina a los «paseros» que transportan mercadería por el Puente de la Amistad a cambio de cinco dólares.

Ciudad del Este fue fundada por decreto en 1957 con el nombre de Puerto Flor de Lis. Luego fue rebautizada como Puerto Presidente Stroessner, en honor al dictador Alfredo Stroessner. Luego se llamó Ciudad Jardín y posteriormente recibió su nombre actual. Desde sus comienzos como puerto libre, el comercio fue el gran motor de la zona, al punto que hoy genera cerca del 60% del PIB nacional. Algunos dicen que por el contrabando, otros que por las casi nulas restricciones a los *containers* que llegan de todo el mundo, pero lo cierto es que hoy se le considera la tercera zona de comercio de libres impuestos más importante del mundo después de Miami y Hong Kong.

* * *

La tranquilidad nocturna de Ciudad del Este es tan falsa como la mayoría de los relojes que se venden en el lugar. De golpe, cuando se ha ido el día, puede parecer una ciudad abandonada, como si antes de cerrar la aduana ocurriera una estampida hacia el lado brasilero. Sin embargo, basta con entrar a alguno de los pequeños casinos o a alguno de los pocos bares o al restaurante de un par de hoteles para que te comiencen a llegar las ofertas. Como en todo puerto libre, donde las cosas se transan en grandes cantidades, es común que las chicas se te ofrezcan de a dos o tres (según cifras de la Organización Mundial del Trabajo, hay más de tres mil menores que son explotados sexualmente aquí) y que la cocaína te la lleguen a ofrecer en paquetes de varios gramos y que los Valium y los Rivotril te los vendan en paquetes de veinticinco cajas. La policía patrulla, pero los diarios locales todos los días informan de alguna fechoría policial. Después de varios días en Ciudad del Este, uno llega a entender lo difícil que debe ser vivir permanentemente en una ciudad con esta fama, donde el mercado de la oferta y la demanda es la suprema religión. Una ciudad donde todo se hace según sean los límites de tu imaginación.

Cuando uno se ha criado en una ciudad grande de Latinoamérica, lo primero que te enseña la televisión (y las madres) es que no recibas un dulce de extraños, pero nadie se ha tomado el trabajo de enseñarte qué hacer cuando alguien a quien has conocido quince minutos antes, tras parar un taxi, en una localidad como Ciudad del Este, te ofrece un pasaporte falso de un tercer país, que llevará tu foto y otro nombre.

Después de apagar la música de Los Broncos, Rogelio, el taxista que me ofreció el pasaporte, se quedó esperando mi respuesta. Es posible que, honestamente, Rogelio me hubiera querido ayudar a conseguir un pasaporte falso que no andaba buscando. Pero, pese a la curiosidad, no pude descartar que el taxista que tenía frente a mí, arriba del Nissan del 98 de techo verde, fuera uno de los tantos policías encubiertos de la ciudad o hasta un marine con acento del Chaco.

—¿Lo quieres? —volvió a insistir Rogelio.

Las luces del Executive ya estaban apagadas, no así las del reloj sicodélico del tablero.

No alcancé a responderle, cuando me sorprendió con su:

—He visto que llevas varios días aquí. Algo raro debes andar buscando, hermano.

Y eso nunca me lo había imaginado.

Hotel España

Carrera 7 Nº 23-20, Bogotá, Colombia

1

Solo había mujeres en las calles. Caminaban en grupos, celebraban frente a las cámaras de televisión y brindaban en los bares. Era mi primer viernes por la noche en Bogotá, y por una orden municipal, los hombres teníamos prohibición de salir a lugares públicos. La idea era que permaneciéramos relegados en las casas, lugares de trabajo o, como en mi caso, dentro de un hotel.

El plan contaba con la aprobación de toda la ciudad. Los bogotanos parecían contentos, con mayor o menor entusiasmo, frente a una decisión que de afuera podía sonar tan sexista como descabellada: el alcalde quería demostrar —demostrarnos a todos— que sin los hombres, las calles eran mucho más seguras.

Por la televisión mostraban a madres que declaraban su felicidad por la medida. Grupos de amigas festejaban «El día de la mujer» como una victoria propia. Algunas hablaban de la fuerza de poder femenino, y otras decían que si hubiera más mujeres en los cargos públicos Colombia sería mucho mejor. La decisión, tomada por un alcalde hombre, parecía bien recibida en las calles de ese viernes sin machos.

Era mi primera vez en Colombia. Uno de los motivos del viaje había sido, precisamente, entrevistar al alcalde Antanas Mockus, que cumplía su primer periodo en el cargo. Desde la Alcaldía, se había transformado en la joven promesa política del país. Descendiente de lituanos, con estudios de matemáticas y filosofía en Francia, Mockus usaba una barba con el bigote afeitado. Estaba lleno de energía pero se veía cansado. Recorrimos la enorme oficina de la Alcaldía y en un momento de la charla, mientras mirábamos desde la ventana el desfile de una guardia militar, me dijo que todos sus esfuerzos como alcalde eran uno solo. Que su mayor plan, era un plan simple: cambiar la mentalidad de los bogotanos.

Mockus lucía algunas medallas que justificaban su atrevimiento. Siendo rector de la Universidad Nacional de Colombia, la más importante del país, se bajó los pantalones y le mostró sus nalgas a un auditorio lleno de universitarios que no ponían mucha atención a su ponencia. Se casó en un circo, y a la salida se paseó con su mujer arriba de un elefante. Para fomentar su plan de ayuda social, se disfrazó de superhéroe con capa y todo y visitó los cordones marginales de la ciudad. Para lanzar el plan zanahorio (que impedía el funcionamiento de bares después de la una de la mañana), se disfrazó de zanahoria gigante. Inventó el día sin automóvil. Le lanzó un vaso de agua a su contrincante político. El día que me recibió en la Alcaldía su proyecto emblema era su última sorpresa: el día de las mujeres. Un viernes donde los hombres tenían prohibido salir a la calle.

Para llegar a su oficina debí pasar por dos detectores de metales y dos controles de identificación. Antes de que él apareciera, su asesor de imagen llegó con la cámara de un canal de televisión y me preguntó por qué quería entrevistar al alcalde, qué me llamaba la atención de su propuesta, qué cosas de él le interesaban al mundo, cuántos kilómetros había recorrido para verlo. Traté de ser cortés, como el bogotano que no soy, sabiendo que estaba siendo parte de un fenómeno político mediático latinoamericano.

Mockus hablaba despacio, pausado, lento. Su rictus nunca variaba, tampoco su tono de voz. Ni siquiera cuando se despachaba frases del tipo: «La idea del día de las mujeres es demostrar que los hombres son más violentos. Queremos probar que esa noche habrá menos delincuencia. Si logramos que los hombres colombianos se replieguen sobre tareas domésticas, y haya un despliegue de las mujeres en las tareas públicas, se producirá una transformación muy, muy fuerte, que bajaría la violencia a niveles insospechados y que quizás termine trayendo definitivamente la paz».

Han pasado los años. La paz definitiva todavía no llega. El último viernes por la noche que estuve en Bogotá, la mayoría eran hombres. Después de esa vez, mi primera vez en Bogotá, Mockus tuvo un segundo periodo como alcalde de la ciudad. Se postuló a la presidencia de la república, y promete seguir haciéndolo hasta llegar a dirigir el país. Finalmente, como suele suceder en Latinoamérica, hasta los candidatos «diferentes» basan su proyecto político en su persona.

* * *

Si no fuera por Madonna, todo sería perfecto en la Bogotá de hoy. La capital de Colombia vive un cambio de fama. Después de varios años como destino improbable, peligroso, adonde se recomendaba mejor no ir, hoy la realidad parece otra. Dejó de ser una capital peligrosa, se habla de un auge turístico y del aumento de visitantes extranjeros. Una fuerte campaña publicitaria, pagada por el gobierno y esparcida por toda la región, oficializó esta nueva realidad. Una nueva era que no se ha reducido a los turistas, porque también han comenzado a llegar las grandes estrellas internacionales y los superconciertos. Algo que hasta hace poco, en la antigua Bogotá, no sucedía.

—El último año hubo un récord de conciertos. La ciudad está muy movida, porque por primera vez están viniendo muchos artistas —me dice una bogotana que estudia periodismo y descarga música, aunque de un segundo a otro frena su optimismo. Hace una pausa, y con una mezcla de resignación y fastidio y un extraño orgullo, dice:

—Bueno, están comenzando a venir todos, aunque igual Madonna no quiso venir.

En la época en que se anunció la última gira de Madonna, muchos pensaban que vendría a Colombia. Quizás, ya había llegado la hora de ser parte de un *tour* que incluía a Brasil, Argentina, Chile y México. «Por el momento no hay más fechas confirmadas en Latinoamérica, aunque se espera que actúe en otros países de la región», decía un periódico nacional. En las redes sociales de Internet se armaron grupos pidiendo a la artista. Por fin aparecería bailando sobre un escenario gigante en el estadio El Campín de Bogotá. «¡Buenas noches Colombia!», gritaría Madonna en español, ante la euforia de miles de fans alzando sus teléfonos celulares. «¡Buenas noches Bogotá!», y el delirio sería total frente al escenario del «Sticky & Sweet Tour». Una ilusión que duró poco, hasta que se confirmó que la reina del pop no vendría a Bogotá.

Tal vez sea por el temor a que siempre aparezca una nueva Madonna, alguien que eche por tierra el entusiasmo, que la nueva fama de Bogotá se vive con calma. No hay una euforia desbordada o, por lo menos, no esta tarde en que camino por la zona del Parque de la 93, la zona del Chicó donde hay restaurantes, discotecas y bares que se encienden en la noche, pero que a media tarde mantienen la prudencia.

En las cafeterías, donde uno debe pedir ese extracto de petróleo que es un «tinto» sin azúcar, se habla de fútbol y de música y un viejo de boina que sabe que uno es extranjero se te puede acercar para decirte que no te vayas de Colombia sin llevarte un disco de champeta, una bolsa de café y ron. Y cuando te dice ron se detiene, unos tres o seis segundos, y luego comienza con una explicación larguísima de los diferentes tipos de ron, en cuyos sabores y precios influyen —entre muchas cosas que te dice— la edad, la barrica, y la zona.

—El ron colombiano es el mejor del mundo —te suelta, risueño pero convencido, y no le suena pretencioso. Como si, finalmente, los colombianos solo se permitieran la fanfarronería en contadas ocasiones: en la calidad del ron, el sabor del café y la belleza de sus mujeres.

2

Cuando se juntan más de cinco periodistas latinoamericanos, rápidamente saltará a la charla la palabra *independencia*. Desde mucho antes de pensar en el Bicentenario, la palabra forma parte del lenguaje de la región. Así como cuesta conseguir medios independientes, la emancipación colombiana tampoco fue fácil. Tras la invasión francesa a España en 1808, comienzan a concretarse las autonomías latinoamericanas. Tras el triunfo de la Campaña Libertadora de Nueva Granada, comandada por Simón Bolívar, se proclama la Independencia definitiva en 1819. El Congreso de Cúcuta de 1821 aprobó una constitución, cuyo principal objetivo era crear la República de Colombia, hoy conocida como la Gran Colombia. No obstante la nueva república componía una unión muy inestable entre las actuales Colombia, Venezuela, Ecuador y Panamá principalmente, que culminó en la ruptura de Venezuela en 1829, seguida de la de Ecuador, en 1830.

Es mayo de 2008 y estoy en Bogotá invitado a la Feria del Libro de Bogotá. La idea es participar del encuentro «Nuevos cronistas de Indias», una actividad cuyos propósitos se pueden resumir en una frase: juntar a una veintena de latinoamericanos que, según los organizadores, están contando de otra manera el continente.

Aunque, como se sabe, el género de la crónica es el más viejo de América Latina, y surgió precisamente con la llegada de los españoles. Alonso de Ercilla, por nombrar uno que estuvo en Chile, fue el gran cronista de la versión oficial de la conquista española en Chile. Desde entonces, y hasta ahora, la mayoría de las crónicas de viaje que ocurren en Latinoamérica han sido escritas por estadounidenses y europeos.

Por eso, tal vez, la idea de los organizadores de juntar de una vez a toda una generación que ellos llamaron «Nuevos cronistas de Indias». Todos estamos hospedados en el Hotel Tequendama, uno de esos viejos cinco estrellas que, por la edad y el uso, vive en constantes reparaciones. Los grandes hoteles, como las ferias de los libros, son microclimas en las ciudades. Afuera del Tequendama está la capital colombiana, con sus 2.600 metros de altura.

En una de las actividades de la Feria, le pido a una cronista bogotana cinco razones por las cuales debería escribir de su ciudad: en el periodismo portátil todo viaje tiene una historia para vender, para luego cobrar. Ella parte hablándome de lo que no debo mencionar: ni el Transmilenio, ni la Biblioteca Virgilio Barco, ni el Parque Simón Bolívar, «porque esas obras viales o culturales que tanto alaban son mediocres y en el mejor de los casos están subutilizadas».

Luego, con la misma fuerza, me dice por qué le gusta Bogotá. Porque llueve mucho. Porque es plana, a excepción de los cerros. «Porque es alta y los extranjeros y los costeños se ahogan cuando vienen». Por su naturaleza. Y saca la nostalgia: «Aquí se tomaba el té a las cinco de la tarde en las casas de la sociedad. Y cuando construyeron vías y nos invadieron los costeños, los caleños, los paisas, y empezamos a dejar a un lado el ajiaco dominical y la misa en la iglesia de Lourdes por los frijoles y las fiestas de champeta, ahí no entendimos qué fue lo que nos pasó».

Los bogotanos, que hablan de usted y no de tú como la mayoría de los colombianos, son orgullosos de eso «que perdieron» tal vez sin nunca haberlo tenido. Muchos viven una suerte de aferro a la nostalgia, más cercano al tango que la salsa. Tal vez por eso es que se empeñan en hospedar a todos sus invitados en un hotel de 1953, que tiene toda la planta baja en reparaciones y una elegancia maltrecha que insisten —casi majaderamente— en recuperar. La actividad cultural de la ciudad es un estandarte de los bogotanos. Un rasgo que, me dicen, no se detuvo ni en los años de peor fama. Sin embargo, en la última época, Bogotá ha vivido una suerte de pandemia de festivales, ciclos, ferias, seminarios y encuentros relacionados con las diferentes artes. Una explosión que ha generado buenos negocios, con buenos auspicios, y pese a la mercantilización cultural muchos —fundamentalmente, muchos bogotanos— la siguen considerando «la Atenas sudamericana».

Alberto Salcedo Ramos es, actualmente, el principal cronista de Colombia y también participa del encuentro «Nuevos cronistas de Indias». Es costeño, pero hace muchos años vive en Bogotá. Salcedo, que entre muchos premios recibió el Rey de España y publicó un libro con la vida del famoso boxeador colombiano Kid Pambelé, me dice:

—Bogotá no tiene atractivos turísticos de postal, es decir, mar, pirámides, jardines colgantes y todas esas cosas que a los turistas les gusta dejar registradas en las fotos. Su encanto, en este terreno, es su variada oferta cultural: teatros, museos, paseos recreativos. Desde que tengo memoria, se le llama «la Atenas sudamericana», justamente por su amplio menú de eventos culturales. «Los cachacos», así se les llama a los que nacen en esta ciudad, han tenido el coraje de apostarle a la cultura como posibilidad turística y ahora están recogiendo los frutos, con el incremento de los visitantes extranjeros.

El encuentro de cronistas se desarrolla a buen ritmo: durante varios días seguidos se habla de todo, pero no se llega a mucho. Más de uno piensa que lo mejor del evento fue la fiesta final, con el whisky corriendo como un riachuelo y una flaca de buenas piernas cantando vallenatos toda la noche. La invitación oficial dice que el *check-out* es el domingo en la mañana. A mediodía del domingo, la mayoría ya ha vuelto a sus países. Sin contarle a nadie, como si se tratara de un secreto importante, o una obsesión de la que me avergüenzo, me quedo un día más en la ciudad para hospedarme en otro hotel. Desde la primera vez que escuché que no existía un Hotel España en Bogotá me pareció raro. En Colombia, donde todavía hay corridas de toros y al rey de España se le considera Su Majestad, no podía no existir un España. Había buscado en guías oficiales y en listados de hoteles, donde efectivamente no aparecía nada. Ya habían pasado varios años de aquel proyecto fallido del hacer un especial de hoteles España, y seguía convencido de que alguno de ellos debía estar en Bogotá.

Hasta que un día, una amiga me mandó un *mail* breve. Traía la dirección y el teléfono del Hotel España de Bogotá. Guardé los datos, para cuando me tocara volver a Colombia. Y ahora había llegado la hora.

No me pone contento darme cuenta de que han pasado ya seis años con mi plan de conocer distintos hoteles España, y sigo con la idea en la cabeza. Dejo la maleta en el Tequendama y me llevo lo justo para el Hotel España de Bogotá. Queda relativamente cerca, y recorro las cuadras del centro de la capital colombiana en un mediodía nublado donde hay amenaza de diluvio.

El España de Bogotá parece perfecto para un periodista portátil: está pegado a un cíber, el *casavilla.com,* donde además de navegar en Internet se pueden hacer llamadas locales, nacionales, internacionales, a celulares, y mandar faxes. Por la puerta pasan vendedores ambulantes, y en la planta baja funciona el restaurante España, de los mismos dueños del hotel. Tiene la fachada amarilla, los marcos verdes, balcones con rejas blancas, y está pegado a la «Laminación Americana».

La recepcionista no sabe mucho de la historia del hotel. Me cuenta que trabaja hace poco ahí, que no se queja del sueldo, y que le acomoda el sitio porque queda cerca de su casa. Me pasa una habitación con vista a la carrera 7^a y me alegra descubrir que en algunas toallas se puede leer Hotel España.

Me dicen que el desayuno es en el restaurante, y que sí, que claro que tienen huevos pericos, una de las especialidades del desayuno colombiano. El hotel no tiene estrellas, ni salones, y apenas se ven un par de mochileros y algunos colombianos que parecen venidos del interior del país. Es pobre y ruidoso, como casi todos los España de América Latina. Y como la mayoría de los habitantes del hotel Latinoamérica.

Por la televisión del cuarto se ven noticias de la guerra interna, con imágenes de tipos del ejército que entran en la selva y videos viejos de rehenes que llevan muchos años secuestrados por las

FARC. El presentador del noticiero da las novedades con una seriedad de funeral, que cambia radicalmente unos minutos más tarde, cuando ingresa al estudio una rubia de pantalones blancos ajustados, un ombligo a la vista adornado con un brillante, y una camiseta escotada de la que salen sus pechos firmes y brillantes. La rubia, de boca roja y collar de perlas, interrumpe la guerra para darnos noticias del otro espectáculo colombiano: la farándula.

3

El encargado del hotel en Santa Marta me dice: «El Rodadero es el South Beach de Colombia. Claro que, en vez de tener discotecas tecno y salsa, acá todo es vallenato. En vez de lucir autos Ferrari, Porsche y Corvette, las calles de acá alardean con sus Chevrolet Monza, Ford Astra y bicicletas con acoplado. Ciertamente, El Rodadero es más sudaca que SoBe. Allá la gente aspira coca colombiana, acá la gente aspira conseguir visa para Miami. Allá Carlos Vives se divierte anónimamente, acá Carlos Vives tiene un bar donde los anónimos se divierten».

Pero igual se parecen. Algo hay. Y no solo porque El Rodadero también es el sitio indicado para pasar la noche en la ciudad: los mejores restaurantes y las mejores discotecas, todo en pocas cuadras. O por su ubicación, que al igual que South Beach está frente a la playa más concurrida. O por el clima, tan caluroso y caribeño como Miami, y que hace que las discotecas sean edificios sin techo y que todo el mundo lleve ropa ligera. Se parecen, finalmente, en los ojos de Donna, una negra nacida en Virginia pero criada en Miami.

—Acá me siento como en casa. Esto es muy parecido a South Beach, solo que más sencillo. Más verdadero —dice ella.

Donna anda de vacaciones con su novio holandés, y en El Rodadero se ha detenido a complacer su memoria. Ella sonríe, porque ya tiene organizado su plan nocturno. Una caminata por la costanera, un paseo en victoria junto a su holandés, unas cervezas en el bar La Punta, un primer baile en Candela y de ahí a matar la noche en La Escollera. Circuito completo. Igual como en casa, como en SoBe.

El Rodadero es un barrio de Gaira. Gaira es un corregimiento de Santa Marta. Santa Marta es la capital de Magdalena. Magdalena es un departamento de Colombia.

Su nombre de El Rodadero se debe a que, hace muchos años, había un deslizadero donde la gente acostumbraba ir y tirarse rodando por la arena, hasta llegar al mar. Pero eso se acabó. El tobogán natural fue macheteado a golpes de excavadoras en mitad de la bonanza marimbera, dando paso a una colección de edificios altos y hoteles con la mejor vista de la ciudad y el mejor lavado de dinero, esto último según el rumor popular.

Una caminata nocturna por sus calles sirve para toparse con una buena oferta gastronómica, como el Pez Caribe o el Ancora, y con la Pizza Hut, para bolsillos más secos. Y sitios para bailar, como Mi Ranchito, Candela, Sahara y La Escollera, esta última, instalada en una pequeña isla frente a El Rodadero.

Ciertamente se trata de un sitio caribeño. Alegre. Para los costeños, el alto costo de las entradas a bailar es un detalle demasiado insignificante para la fiesta, para la candela. Por lo mismo, es muy usual que las personas, en la playa, de noche y en grupo, contraten una papayera o una tambora, que son grupos de cinco músicos de vallenato, y bailen sobre la arena sin importar nada más que mover bien las caderas.

Al momento de buscar lugares con alguna gracia distinta a la calidad, destacan dos sitios. La Tierra del Olvido, otro bar de Carlos Vives, y El Pibe, la parrillada de Rubén Deibe, un argentino que se vino a Colombia hace cincuenta años para jugar al fútbol, en la época del Dorado, cuando Colombia no estaba en la FIFA y compraba jugadores sin respetar el pase.

Deibe se ufana de ser quien bautizó como Pibe a Carlos Valderrama, el melenudo, rubio y famoso ex número diez de la selección colombiana de fútbol, quizás el samario más famoso del mundo.

—Lo descubrí de chico. Fue en los años sesenta, cuando yo era técnico y jugador del Unión de Santa Marta y jugaba con el padre del Pibe que se llama Jaricho. Jaricho Valderrama, un marcador de punta que era el día y la noche con El Pibe, ¿viste? El padre era muy brusco. Y yo siempre le preguntaba por El Pibe, que era tan bueno. Siempre dije: «El pibe ese es muy bueno. El pibe ese llegará lejos. El pibe ese es un fenómeno...». Y bueno, así quedó como El Pibe Valderrama.

—¿Él viene alguna vez para acá?

—Mmm... Rara vez. Pero yo creo que se acuerda muchísimo de mí.

De primeras, el casino de El Rodadero provoca simpatía más que ganas de jugar. Es una pieza, chica e incómoda, pero digna para quienes tienen la compulsión de las apuestas y el juego. Hoy, en la noche, son las once y todavía no llega nadie. Pero José Luis, con su reloj de oro iluminando el techo y un anillo rojo capaz de rajar un vidrio, no pierde la calma: en El Rodadero la cosa empieza fuerte a la medianoche y de ahí no para hasta las cinco o seis de la mañana.

En mitad de la pasarela de El Rodadero hay un puñado de gente. De todas las edades. Casi todos turistas colombianos, principalmente de Cali, Medellín y Barranquilla. El círculo humano, esta nueva noche de fiesta, rodea a un tipo que toca más de diez instrumentos a la vez. Apenas ve la cámara fotográfica, el hombre-orquesta deja la rutina y tapa la lente. «¿Quiénes son ustedes?», escupe con rabia, sudado, a punto de sufrir una taquicardia. Al rato, luego de pedir credenciales y de escuchar explicaciones, dice:

—Que bueno que son de la prensa. Yo soy Eliazar Buitrago, el popular hombre-orquesta de Colombia. Soy de Bogotá, tengo cuarenta años. Quiero decir que desafortunadamente llegué a las playas de Santa Marta y me cogió la policía y me amenazaron que me romperían los instrumentos si seguía tocando. Ellos están aquí violando los derechos humanos de los vendedores ambulantes y los artistas. Aquí es la ley del gatillo. Si no les caes bien, los policías te dan plomo. Yo estoy cantando y la policía me quiere matar. Y yo, aquí, aprovecho para denunciar de que si a mí me llega a pasar algo, los únicos enemigos que tengo son los policías de Santa Marta en El Rodadero, quienes ya me hicieron arrestar por veinticuatro horas. Queda registrado en este medio, que si yo llego a desaparecer, es culpa de la policía. Ellos me tienen bronca. Y seguramente toda la gente que está acá, escuchando, son policías de civil. Por eso mismo, denuncio que está mal que ellos rechacen a una persona que trae alegría a este lugar tan hermoso. Más aún yo, una figura nacional de Colombia.

—¿Estarías dispuesto a sentarte en una mesa y dar un paso por la paz entre tú y la policía? Una tregua, que es lo que tanto se busca en Colombia.

—Claro, inmediatamente. Si quieres, puedes ser el árbitro entre las partes. De verdad. ¿Te interesa? Si quieres yo te propongo como juez.

* * *

De vuelta, otra noche durmiendo en un hotel, llevando a la práctica la ficción de viajar escribiendo historias. Dependiendo del estado de ánimo, y sin importar la ciudad, la habitación terminaba siendo la mejor escenografía para una puesta en escena del hogar. Otras veces, la sensación podía ser similar a la que relata Charly García, leyenda rockera del territorio de los hoteles España, en «Separata», una perdida canción de su época de Serú Girán:

> *Algo raro me estaba pasando en el hotel/ estaba solo/ tan solo/ como un hombre a veces debe de estar./Sabía que mi casa, mi casa, mi casa/ estaba lejos, lejos, lejos de todo,/ y faltaba poco para subir otra vez a tocar./ Y tal vez/ no tuve ganas de verlos/ de estar con ustedes,/y me quedé/ solo en mi cuarto/ leyendo de un ave que vuela y no muere.*

Al día siguiente, después del desayuno y de saludar al recepcionista del hotel como si siempre fuera el mismo hotel y la misma ciudad y el mismo país, me pasó a buscar un taxi para ir al Parque Nacional Tayrona. El chofer me habló por primera vez de las burras. Me dijo, no sé si en broma o en serio, que la noche anterior había tenido sexo con una burra. Una costumbre, que, después, supe que no era nada novedosa. En una charla con Andrés Salcedo, un colombiano famoso en el resto de Latinoamérica por relatar los partidos de la liga alemana en los ochenta —años en que no había televisión por cable ni canales de fútbol— le escuché hacer una aguerrida defensa de la vieja costumbre. Él, un costeño de toda la vida, no solo me dijo que era muy común, que existían prostíbulos donde ir a «tirarse una burra», y me insinuó que el propio Gabriel García Márquez había debutado con un asno hembra, sino que me repitió una frase que, más tarde, recorriendo el parque Tayrona, tomaría mayor sentido: «El costeño que desconoce a la burra, desconoce a su madre».

4. Vivir en el paraíso

«Marihuana. Yo viví la época de la marimba. En esos años los dólares llegaban en camiones», dice Jairo, y cuenta que él trabajó cargando los barcos que zarpaban del parque. Jairo es uno de los tantos samarios (como se les dice a los de Santa Marta) que añoran aquellos años. Tiempos de plata verde. No en vano, casi toda la marihuana que se fumó en Woodstock salió de acá, del Tayrona. Entre 1967 y 1978, los *hippies* de Estados Unidos se habrían fumaron medio parque. Aquellos años las plantas con hojas de siete puntas se veían a simple vista y sus cogollos llegaban al tamaño de un melón.

Pero la cosa cambió. La policía le puso atajo al contrabando y de la bonanza yerbatera solo quedaron los recuerdos. Como aquel barco, que permanece encallado en la playa La Gumarra, o como aquellas historias de que los puros se encendían con billetes de un dólar o que el dinero se pesaba en una romana.

Hoy, el Tayrona es diferente. Sus doce mil hectáreas están consideradas reserva ecológica y el turismo se ha desarrollado sin gran infraestructura, ideal para aquellos visitantes que valoran la naturaleza más que la comodidad. Luz eléctrica hay poca. Tiendas y kioscos, un par. Camas: las menos, porque la mayoría duerme en carpas o en hamacas.

Si bien todavía es más fácil conseguir marihuana que un paquete de cigarrillos *light*, de la época mafiosa queda poco. Todo

es tranquilo, pacífico, ordenado. Alguien dice: «Acá todo funciona bien porque esta sierra, arriba, está controlada por las FARC, y los faracos son más rigurosos que el ejército y los narcos». Y ahí uno recuerda que el Tayrona está en Colombia.
Paraíso. El Parque Nacional Natural Tayrona se creó en 1964. Sin embargo, en 1977, gracias a un decreto nacional, se reguló su funcionamiento al declararlo área de extensión que permite su autorregulación ecológica y cuyos ecosistemas no deben ser alterados por el ser humano.
Por cierto, hablar de decretos y años de creación no es más que un dato burocrático. Casi absurdo. Insolente, si se piensa que la cultura tayrona (hombres de la tierra) es más antigua que la propia Colombia. Basando su culto en la fertilidad, para los tayronas el mar es lo que simboliza a la madre. Pero bueno, de aquellos indios queda poco, casi nada. Salvo un par de familias que viven en la localidad de Pueblito Chairamara, y que todo el día reciben a turistas y se sacan fotos y venden artesanías y sonríen con las gringas y se cambian los disfraces para ir a Santa Marta; salvo eso, digo, de los tayronas no hay rastros visibles.
Aaron tiene veintidós años, un tatuaje en el brazo y nacionalidad israelita, como muchos de los mochileros que hoy están acá. Aaron y sus amigos llevan dos semanas pegados en el Tayrona. Esto es un paraíso. Es barato y la naturaleza es maravillosa. «Son las mejores playas en las que he estado», dice, antes de confesar que de acá se irá a Nueva York, para seguir mochileando en Los Ángeles y de ahí volar a Asia. Aaron y su grupo duermen en carpa, y se nota que lo pasan bien. Junto al fuego hay una guitarra y en la rama de un árbol colgaron una radio de la que sale un vallenato.

* * *

Muerte. La mayoría de estas playas parecen piscinas. Albercas rodeadas de palmeras y roqueríos y repletas de corales y peces de todos los colores y tamaños. El agua es tibia, como la brisa y el oleaje. Sin embargo, en las playas más abiertas el mar es más bravo y la corriente tira tanto como un camión grúa. Por eso hay un cartel, pintado a mano, que dice «No nade». Por eso, también, es que cuando alguien se ahoga el resto ni se inmuta.

Eso ocurre esta tarde. Un bogotano de veinticinco años no respeta el orden establecido y nada. Nada mar adentro. Un par de surfistas salen a su rescate, pero ya todo está perdido. Recién a la media hora es el propio mar quien escupe el cuerpo. Hay intentos para reanimarlo, pero todo falla. Está muerto. Déjenlo tranquilo. «Se nota que ya está tieso», comenta alguien al pasar, y el resto sabe que es una frase cierta. A los pocos minutos la vida de playa vuelve, tranquilamente, como en un edén.

Lo concreto es que en Colombia, como en el resto de los países que celebran el Bicentenario de su Independencia, la muerte ha comenzado a ser tan familiar como un mero resfriado. Nadie se inmuta. Es más, hay varios casos como el de Clara Delgado, una muchacha de quince años, de pelo amarillo y ojos claros, que dice suavemente y con voz de niña: «yo quiero estudiar medicina forense, la carrera universitaria *top* del momento».

El Tayrona es selva. Una cadena montañosa tupida, que acá se conoce como Sierra Nevada y que en su punto más alto llega a los 1.200 metros de altura. Es húmeda, pero no como el Amazonas: acá se soporta bien, ya que la brisa del mar refresca igual que esas cervezas Águila, heladas, que acá se venden como pan recién amasado. A las cuatro de la tarde comienza un ruido infernal de animalitos. De todas las especies. Acá se dice que están despidiendo el día, porque luego viene la noche y ahí solo aparecen los depredadores, afirma Margarita Correa, una paisa que vive en Santa Marta y que tiene una mirada tan transparente como dulce. Margarita sueña con conocer a un extranjero que esté a la altura de su corazón, para irse de Colombia. Ha tenido dos intentos fallidos, ambos vía Internet.

Luego, Margarita cuenta que una vez, hace algunos años, ella estaba en un día de campo, con amigos, y al atardecer comenzó a sentir un ruido extraño. Las hojas del suelo se movían. Los animales pequeños comenzaron a huir. Y el ruido seguía, como un pequeño temblor, hasta que vio una enorme mancha de hormigas (las de acá son grandes y muerden fuerte) que avanzaba arrasando con todo, tal como un ejército en guerra, y las hormigas subían por los árboles y a su paso se llevaban arañas, polillas, mariposas y toda clase de insectos necesarios para un buen festín.

«¡Tengan cuidado!», dice un viejo llamado Efraín, y uno intuye por su cara sudada, por su pecho que retumba, por sus manos temblorosas y por su lengua excitada, que parece que ha pasado un susto de verdad. Vamos por el camino de tierra que une las playas. Y Efraín dispara sin necesidad de provocación:

—No se salgan de este camino. Por ningún motivo. Aunque tengan ganas de mear, no entren a la selva. Yo acabo de hacerlo, y en eso escuché un ruido extraño. ¡Era una serpiente! ¡Enorme! ¿Sí o no? ¿Sí o no que era gigante? —le pregunta a su mujer, una bogotana en extremo tímida y de cara roja por el sol, que mueve la cabeza asintiendo a su marido.

Monos en los árboles, tiburones en el mar, burros en la playa. Acá la fauna es potente, y los que llegan hasta el Tayrona con esos fines no se van desilusionados. Una tarde, casi al ponerse el sol, la playa del Cabo se llenó de burros.

—Los costeños tienen la rara costumbre de iniciarse con estos animales —dice Margarita. Las llaman jocosamente *mamaburra*, porque sus primeras experiencias sexuales son con las María Casquito (burras oriundas del Caribe). A veces también se cogen a los burros, a esto le llaman *burro chancleteado*.

Comienza a oscurecer. La selva está en silencio. Apenas se escucha el mar, aunque a veces uno oye el alarido quejumbroso de una burrita. Y uno ya no piensa que está en Colombia.

Marcela Torres es chilena y lleva cinco meses mochileando por Latinoamérica. Su propio Hotel España es una carpa celeste en la que ha dormido más de dos semanas en el Tayrona, y por ahora no piensa en irse. Marcela muestra su casa: allí tiene su saco de dormir, su tarro de café, sus zapatos y una bolsa llena de artesanías. Marcela viaja vendiendo collares, y dice lo que dicen muchos: «yo no quiero volver a Chile porque no sé qué haría allá».

Como Marcela hay muchos en el Tayrona, personas que encontraron aquí el hotel de sus vidas. Pero no son todos. Más de la mitad de los visitantes al parque han venido por el día. Durante la noche las escenas son de relajo, de tranquilidad. No hay grandes fiestas, ni mucho ruido, ni bacanales, como uno se pudiera imaginar. Hay fogatas, guitarras, canciones, lecturas de libros, partidos de voleibol y descorche de vinos y botellas de ron.

Para volver caminando a los estacionamientos es recomendable iniciar la caminata a las cuatro de la tarde, porque a las seis oscurece. Hoy ya es de noche cuando iniciamos el regreso al vehículo. La travesía es por entre la selva, con sus curvas y contracurvas, con sus subidas y bajadas, con sus puentes de madera y riachuelos en mitad de la oscuridad más siniestra.

Uno avanza y avanza, suponiendo que los monos y las serpientes no tendrán el mal gusto de masticarnos los tobillos. No hay linternas a mano y alguien me pide que apague el encendedor, porque eso puede llamar a las fieras. Sin embargo, aquí adentro todos parecen sentirse a salvo. O al menos, viviendo y recorriendo su propia ficción.

5

Los días en Santa Marta y Barranquilla tenían por objetivo escribir un artículo sobre la otra Colombia: la de los buenos hoteles, los paisajes de novela, las mujeres costeñas y las playas. Así que los días pasaban entre viajes en lanchas saltando olas transparentes, bar abierto en un hotel todo incluido, clases de salsa, cubalibres en el bar de Carlos Vives y huevos pericos al desayuno.

Rápidamente me acostumbré a los controles militares de la carretera y en este viaje, la narco-leyenda colombiana se reducía a pintorescas mansiones abandonadas donde alguna vez descansaron los capos de algún cartel. A pocos kilómetros estaba Aracataca, el pueblo de García Márquez que se hizo conocido por su nombre literario: Macondo.

Eran días donde bastaba estirar la mano para coger un jugo de mango o de guayaba. La piscina del hotel era ideal para nadar al atardecer y la habitación era amplia con el frigobar lleno de botellas listas para destapar. Me acordaba de Tomate, el personaje del cuento «El crepúsculo Maya» de Juan Villoro, un periodista de revista de viajes que «estaba harto de simular la vida en hoteles de cinco estrellas y escribir de guisos que jamás probaba». Y entonces volvía al bar de la terraza, y luego un nuevo chapuzón.

Me había olvidado de los cientos de cuestionarios aduaneros, donde te preguntaban si algún desconocido te había dado un paquete para llevar. Importaba más que la temperatura del mar era perfecta y los precios baratos. Los pescados fritos pasaban por la garganta como miel. No era necesario tumbarse en la playa para quedar con la nariz superbronceada. Colombia asomaba como un país formidable, con todo lo necesario para vivir bien. Me lo decían los propios colombianos, amables como pocos, mientras posaban risueños para las fotos. La encargada de prensa del hotel nos contaba muchas historias divertidas y un par de anécdotas tristes. Nos presentó a su hija de dieciséis que inauguraba *piercing* en la lengua, nos recomendó un lugar para comprar esmeraldas, y nos advirtió —acertadamente— que terminaríamos volviendo a Colombia. Todo bien, hasta el momento antes de despedirnos, cuando nos dijo:

—El dueño del hotel quiere despedirse de ustedes.

La oficina del dueño del hotel tenía galardones, pósters de Colombia y fotos aéreas de Santa Marta. El dueño del hotel usaba corbata de seda, tenía anillos dorados y bigote. El protocolo de despedida fue rápido, y finalizó cuando desde su boca se escuchó:

—¿Me pueden llevar este paquete a su país?

Y ahí estaba. Un pequeño paquete de papel cartón, sellado con gruesa cinta adhesiva café claro. No tenía escrito nada y pesaba poco más de un kilo. Según el dueño del hotel, eran folletos para agencias de turismo. Yo había visto antes ese tipo de paquetes, pero en la tele: en las noticias policiales o en los documentales de dinero fácil. Nunca como envoltorio de folletos turísticos.

Seguramente por las miles de advertencias de no recibir paquetes de extraños, es que nos quedamos mudos mientras aceptábamos el encargo. Durante el viaje en taxi desde Santa Marta hasta Barranquilla el fotógrafo me decía que el encargo lo pasara yo por la aduana, y yo le decía que lo pasara él. El paquete nos quemaba las manos.

Cuando llegamos al aeropuerto de Barranquilla nos recibió un control sorpresa de equipaje. Había perros y escopetas y quisimos dejar tirado los folletos en el baño y el fotógrafo había cambiado el bronceado por una palidez de autopsia. No era chistoso, aunque nos reíamos para disimular.

Finalmente, sin dejar de sentir miedo un segundo, decidí hacerme cargo del encargo y despacharlo junto a mi mochila. El argumento que me llevó a la decisión final, mirada en el tiempo, poco tiene que ver con algún acto heroico. Fumando un nervioso cigarro me convencí de que si pasaba algo malo, que si los perros descubrían que eso no eran folletos y saltaban las alarmas y de atrás la policía y de ahí esposado hasta terminar en un calabozo colombiano, cerca de Aracataca, pues bien, si pasaba por todo eso terrible, eso significaba también que tendría una colosal historia para escribir. Y vender.

Desde entonces, a eso de arriesgar años de cárcel por una buena historia, le puse un nombre. A jugarse el todo por el todo por una buena crónica, comencé a llamarlo «el síndrome Colombia».

Así fue que pasé el paquete por la aduana.

Finalmente, no pasó nada. El envoltorio en cuestión era, efectivamente, un cerro de folletos de un hotel de Santa Marta. Por suerte no los había dejado tirados en el baño. Después entendí que el miedo al ver la policía y querer deshacerme del encargo había respondido al prejuicio. Lo que me asustó bastante fue darme cuenta de que estaba dispuesto a pasar una temporada en la cárcel para vender una buena historia, cuya paga me permitiría seguir viviendo en el hotel mucho tiempo.

* * *

Una vez, en otro país, en otro continente, fui colombiano por un día. Puede parecer un experimento periodístico, pero en realidad era una historia de viaje. Todo sucedió en el mejor hotel de Senegal: el Sofitel de Dakar. Había una conferencia de prensa de uno de los magnates de la moda globalizada. Estábamos en África, pero en un lujoso salón de un hotel cinco estrellas, a pasos de bandejas de camarones y ostras, con el Atlántico asomado a los ventanales como una postal panorámica. Había una veintena de periodistas, la mayoría mujeres: editoras y redactoras estrellas de las principales revistas de moda del mundo. La asistente de prensa del entrevistado, una rubia distante, nos daba algunas recomendaciones. Había vasos de agua, y fotógrafos que disparaban sus flashes en la cara del heredero de una compañía con más de mil locales de ropa en todo el planeta. Todo lo que ahí se dijera, mañana estaría publicado en el mundo de la moda. Entonces, al empezar la conferencia, la rubia asistente nos dio una indicación: antes de comenzar debíamos hacer una ronda de presentación, diciendo nuestro nombre y el país del medio que representábamos.

Una chica de anteojos modernos, y que después supe era editora junior de la *Vogue* hecha en París, partió diciendo su nombre y luego remató con el país: Francia. Pasaron diferentes editoras de *Marie Claire* y *Vogue*, que luego de su nombre decían o Italia, o Alemania, o Estados Unidos. Había varias japonesas, de diarios dedicados exclusivamente a la moda. Un noruego de anteojos oscuros. Una inglesa sacada de una vidriera de Prada. Entonces llegó mi turno. Estaba ahí por *SoHo*. Tomé el micrófono, y me escuché a mí mismo por los parlantes cuando dije:

—Juan Pablo Meneses, Colombia.

Después de decir Colombia, hubo un pequeño silencio, y el resto de las caras comenzó a girar hacia mí. Tal vez fue un segundo, o dos, o seis, pero me pareció más tiempo. Como suele suceder en los viajes, ya me había tocado tener otras nacionalidades. Me han confundido con marroquí, o brasilero, o peruano. He pasado por andaluz, argentino, y hasta por chileno. Sin embargo, esta era la primera vez que me presentaba oficialmente como de Colombia, y la reacción había sido automática: todos se habían dado vuelta a mirarme.

La conferencia de prensa duró lo esperado, las preguntas fueron las habituales, y las respuestas —incluido el breve discurso pro África— habían sido las típicas. Lo que no estaba en el programa era que a partir del momento de presentarme, para el resto había pasado a ser un colombiano. Lo que no es cualquier cosa.

Cuando estás en un lugar así, y eres colombiano, te acostumbras a que siempre que giras la cabeza hay alguien mirándote: con más o menos disimulo. Tal vez por una cosa propia de los colombianos (aunque seamos los de un día) y que tiene que ver con cómo nos miramos, cuando uno es colombiano muchas veces te sientes más observado. Y a veces, crees que para mal.

Al término de la conferencia hubo un cóctel para los periodistas. Entre las bandejas y copas, se me acercó la francesa de *Vogue* y me preguntó cómo estaba mi país. Luego, vino una alemana que quiso practicar su español aprendido en Mallorca:

—Tengo muchas ganas de conocer Colombia, ¿es lindo? —preguntó curiosa, y le dije un par de cosas que dejaron bien puesta mi nacionalidad falsa.

Comencé a sentirme sexy. Cuando uno es colombiano en el primer mundo —aunque sea dentro de un hotel africano— no solo se es exótico, sino que se suma una carga de *sex appeal:* esa mezcla de clichés colombianos *for-export* que juntan una guerra interna, fusiles, narcotráficos, caderas de Shakira, secuestros, todo mezclado en una juguera y servido en un cóctel en el mejor hotel de Senegal, aparecía de una carga explosiva insospechada.

Al rato, hablaba como el más colombiano de todos. Mezclaba los ritmos de las anécdotas a la velocidad de la champeta: del «ustedes en Francia saben bien lo de Ingrid», pasaba al «tienes que probar el café colombiano, es una maravilla», de ahí saltaba al «si vas, no vas a parar de bailar. Te va a encantar la rumba», acortaba por «¿leíste algo de García Márquez?»; bajaba con «obviamente no todos somos como Pablo Escobar, esas son cosas de las películas»; para terminar con la frase que todo colombiano verdadero dice. Y la dije: «Pero sabes, tenemos muchas más cosas buenas que todas esas que dicen las noticias. Esos son lugares comunes, pero si vas verás que todo es diferente. Somos gente buena, y tenemos selva, Caribe, Amazonía, los Andes, y costa en dos océanos».

Había muchos temas de conversación. Cuando uno es colombiano en el extranjero puede hablar horas y horas, con un peligro latente: comenzar a escucharte como un orgulloso nacionalista. Entonces decidí frenarme, y ponerme a escuchar. Escuchar, como un gentil colombiano, sus historias y opiniones de África, de la moda, de sus ciudades.

Hasta el último momento del día me mantuve como colombiano, y traté de dejar en lo más alto la bandera del Pibe Valderrama y Juan Valdés. Nunca les dije la verdad.

6

Los actuales dueños del Gran Hotel España de Buenos Aires lo compraron en 1967, mientras todavía funcionaba como anexo del Hotel España principal, en la avenida de Mayo. De la sociedad que lo compró, el único que sigue vivo es Tomás Castro, un gallego de setenta y dos años, casado, sin hijos, que trabaja en el hotel junto a un sobrino y al descendiente de su socio. «Tenemos un ambiente familiar», me dijo una vez, sin percatarse de que hacía rato yo había adoptado el lugar como mi casa, y a ellos como mi familia.

Castro, como se hace llamar, dice en tono de broma que es pariente de Fidel Castro. Me cuenta que hace unos años, como todas las temporadas, viajó a su pueblo natal, cerca de Lugo, en Galicia. Esa vez, una enorme comitiva con guardias armados y mucha gente de barba pasó por su pueblo con dirección al poblado vecino. «Era Fidel», me dijo una vez, en la puerta del hotel, cuando hablábamos de raíces familiares. «Todos los Castro venimos de ahí», me volvió a decir, con el acento español que no se le ha ido en casi cincuenta años de residencia en Argentina.

Una de las particularidades del Hotel España es su ruido. No hay habitación, de las casi sesenta, que no se sacuda con el ruido del ascensor: una mole vieja con varias capas de pintura nueva. Si uno no está acostumbrado, seguramente las primeras noches va a sufrir con esa sonajera de fierros y golpeteos que inunda el edificio cada vez que alguien sube y baja.

Antes de decidir afincarme en la 54 estuve en varias habitaciones, del fondo, del pasillo, con vista interior o a la calle, y en todas, sin excepción, el ruido del ascensor hacia temblar la cama. Pero no es mentira el lugar común de que uno se acostumbra a todo. Incluso, a que cada diez minutos la habitación retumbe porque alguien decidió viajar a lo alto del Hotel España. Obviamente, en la 54 fue más fácil acostumbrarme, porque estaba al final del pasillo. Un camino oscuro, de baldosas, con sillones polvorientos y un aviso de otra época pegado en la pared: «Por favor no escupir el piso, por higiene. Gracias».

Después supe que la habitación 54 había sido una de las tres suites del Hotel España. Ahora, era solo un cuarto un poco más caro, pero seguía siendo relativamente barato.

Lo primero que llama la atención cuando entras a la 54 es la doble puerta/ventana del fondo, con cortinas con flores y tan delgada que no detiene el ingreso del sol. Al abrirla, sales a un balcón amplio, con barandas de concreto grueso y de varios metros cuadrados en el que alcanzas a acostarte y caminar. La habitación es de techo alto y paredes pintadas de color crema. Piso de madera recién lustrada, que retumba fuerte si se te cae algo al suelo. A un costado un enorme ropero, de buena madera y con espejo. Un escritorio antiguo, amplio, del que todavía quedan unas señoriales posacartas. La mesa de luz es de buena madera, con un vidrio en la superficie, y sobre él un cenicero que dice «Hotel España» y un teléfono marca General Electric que suena todas las mañanas, a las 9, y del que se escucha la voz de Carlos diciendo: «Meneses, ya son las 9», y según lo que había pasado la noche anterior, colgaba y seguía durmiendo o colgaba y me levantaba.

La cama tenía un respaldo de madera maciza que hacía juego con el ropero, el escritorio y la mesa de luz. El cubrecama siempre era de color rojo. El cuarto tenía un sillón de cuero verde claro, y al lado de la puerta principal un enorme calefactor de tuberías por donde corría agua caliente. Como todos los cuartos del hotel, la luz de la habitación se podía prender y apagar desde afuera.

La 54 quedaba en el piso 6. En el techo tenía un ventilador dorado con aspas de madera, y al lado de la cama dos interruptores viejos para apagar la luz. Al lado de la doble puerta/ventana para salir al balcón, colgaba desde el techo un televisor Hitachi de 19 pulgadas.

El baño era amplio, con una bañera grande, de losa, color verde claro, igual que el retrete, el bidet y el lavamanos. Tenía una ventana grande hacia el balcón, así que la luz natural iluminaba fuerte los azulejos color esmeralda que cubrían medio baño. El posajabón, el posavaso y el portatoallas eran de loza negra. En todas las toallas decía «Hotel España».

La habitación era nostálgica y rememoraba otra época, salvo por el olor. Siempre que volví a la 54, después de un viaje o de una nueva separación, el peaje del ingreso era una cachetada aromática mezcla de químicos entre desinfectantes y desodorante ambiental barato. La rutina se repetía: aguantar las arcadas, detener la respiración, abrir de par en par la doble puerta/ventana y la ventana del baño, salir un rato al balcón, encender un cigarrillo y llenar el cuarto de humo.

En el Hotel España no estaba prohibido meter otra persona en tu cuarto, pero te cobraban veinte pesos extras y la persona debía dejar sus datos en la recepción. Si repetías la misma visita dos o tres veces una misma semana, todos te miraban diferente, desde el recepcionista a la mucama de tu piso.

De noche, bien tarde, podías salir al balcón y mirar todas las luces de los techos de Montserrat y en la calle ver pandillas de *dark* vestidos de negro y familias revolviendo la basura por calle Tacuarí y escuchar botellas quebradas y gritos entre grupos de amigos o peleas con final trágico, como la del 12 de junio de 2005, cuando después de una pelea en el bar Dark, en la avenida de Mayo y Tacuarí, un grupo de cabezas rapadas asesinó a puñaladas y patadas a un joven llamado Iván Kotelchuk.

Pero también, con todo lo anterior como escenografía de tu historia lejos de la realidad, podías abrazarte con una chica y en mitad del primer beso escucharla decir: «debes traer muchas para acá, ¿no?», y no saber si estar contento por el efecto de la ficción, o triste por la desgracia de la realidad: muy rara vez invitaba a alguien.

* * *

El problema no era irme del Hotel España. Eso siempre ocurría. O porque me iba de viaje para escribir algún reportaje, o porque me reconciliaba con quien una vez llegó a la 503 del Hotel Cisneros y luego recorrimos las calles de Barcelona que parecían recién pintadas y por quien me vine a Buenos Aires, o porque intentaba mudarme a otro sitio de la ciudad y dejar la 54. Irse no era difícil, el problema era volver. Siempre regresar.

Un día me llegó el dato de que un holandés, casado con una brasilera, viajaba a Brasil por tres meses y quería alquilar temporalmente su departamento en San Telmo. No fue difícil llegar a un arreglo, y me despedí de la gente del Hotel España como si no los fuera a ver nunca más. Tres meses en un dos ambientes de la calle Defensa, donde tenía que cocinar, lavar, barrer, pagar las cuentas, saludar a los vecinos y en los que no escribí casi nada. Me parecía que no tenía sentido tanto gasto de energía en situaciones que no me aportaban al proyecto que me parecía lo principal: escribir historias reales.

La vida hogareña en San Telmo resultaba demasiado parecida a aquella de la que había escapado en Santiago, y poco tenía que ver con el plan original. Además, llevar una vida de dueño de casa que escribe en la cocina podía funcionar en una vida en pareja, pero llevar una vida de dueño de casa viviendo solo era un desastre.

Los tres meses del verano del 2004 pasaron rápido gracias a algunos viajes y a que la mayor parte del tiempo deambulé por bares y pizzerías y parrillas de San Telmo. Es una particularidad rara de San Telmo: te chupa, y si te descuidas, descubres que llevas varios meses sin salir del barrio.

El holandés y la brasilera tenían un hijo, y la casa estaba toda armada para que la habitara una familia. Eso tampoco ayudaba. Cuando uno se queda a vivir temporalmente en una casa que suelen habitar otros, es como recorrer la cabeza de quien vive ahí: curiosear en sus objetos, recuerdos, revistas y libros es como recorrer los pasillos de una mente ajena.

Una de las particularidades era la amplia colección de música brasilera, la que pasé y repasé varias veces durante esos meses. La otra era que estaba la colección completa de los libros de Paulo Coelho, en español y portugués. Un día, sabiendo que no me terminaba de seducir aquella realidad hogareña implantada, decidí que era tiempo de darle una oportunidad a Coelho. Sentí que dentro de la casa tenía demasiado tiempo libre, cosa que nunca me pasaba en el hotel, y decidí leer al autor del que muchos se burlan y al que millones leen.

Partí con *Manual del guerrero de la luz* y la sorpresa fue casi instantánea. Siempre había pensado que sus críticos lo insultaban por su facilismo, por la redacción para principiantes y las ideas básicas. El libro era difícil de leer, enredado, a la cuarta página ya había tenido que volver dos veces a la primera. A las diez, dejé de leerlo. Después intenté con *Veronika decide morir* y lo mismo, igual que *El demonio y la señorita Prym*. Yo que había pensado que era una lectura para llevar al baño, tipo periodismo, digerible, entretenida y fácil. No pude terminar ninguno. Creo que esa fue una de las grandes enseñanzas que me dejaron esos meses en San Telmo: Paulo Coelho escribe en difícil. La otra lección, que ya quería volver al Hotel España.

—¡Bah, miren quién llegó! —decía Ángel Pardo, el viejo que atiende en las tardes en la recepción del hotel, cada vez que yo volvía en su turno.

Mientras acomodaba el equipaje en el suelo, y él se fijaba si estaba desocupada la 54, me preguntaba:

—¿Y cómo está Chile? ¿Otra vez lo mandaron un tiempo para acá?

Le respondía a todo que sí, que claro, que bien, que otra vez me mandaron, sin explicarle que llevaba casi dos años viviendo en Buenos Aires, que acababa de pasar cuatro meses en San Telmo, y que ese hotel donde él trabajaba se estaba convirtiendo en una atractiva pesadilla a la que me gustaba volver.

Cada vuelta al hotel venía con uno o dos días de festejos íntimos en alguna parrillada, o en la pizzería de la esquina, o tomando whiskys en los cabarets del centro, o en el bingo de la calle Florida, o todo eso junto durante un fin de semana. Después, lentamente, comenzaba a ajustarse la ficción para retomar los viajes y la escritura que me permitiera seguir en una vida lejos de la realidad.

La vida en hoteles era tan complementaria del periodismo portátil como los cibercafés y la falta de compromiso. Solo pensar en vender historias, y vivir de eso. Pero claro, esa era la ficción. La realidad nunca era tan entretenida.

7

Ecuador fue el último país en independizarse de la Gran Colombia, aunque su independencia de España había ocurrido en 1821. Hoy Ecuador es el país con el mayor número de inmigrantes en España. Me entero de que actualmente varios ecuatorianos viven en Aguaviva, en Aragón, en el centro de la península. Cuando fui a Aguaviva, mi primera gran escala en España, la totalidad de los inmigrantes eran argentinos.

Las historias no llegan cuando uno quiere, pero siempre aparecen si uno espera. Supe de Aguaviva viendo las noticias en Chile, y fue ese pueblo español el que me terminó de convencer de que debía comprarme un computador portátil, meter todo en la maleta, e irme del país a contar la historia que sucedía en dicho pueblo. De no ser por Aguaviva, tal vez nunca habría iniciado el periodismo portátil.

Llegué a comienzos del verano europeo. El calor apenas se aguantaba. En Aguaviva había un solo hotel, el Altabella, donde me hospedé el tiempo que duró mi viaje. ¿Por qué Aguaviva? Simple: la noticia decía que en Aguaviva se estaba desarrollando un exitoso plan de inmigración selectiva. El alcalde de un pueblo formado en su mayoría por viejos, había viajado a Argentina para importar familias compuestas por matrimonios jóvenes con varios niños. El argumento me parecía conmovedor, e ideal para tocar un tema mayor: la inmigración. Pero había otro tema que me alertaba: lo exitoso del plan. ¿Puede haber un plan selectivo exitoso? La experiencia de Aguaviva se había contado muchas veces en la prensa, pero casi siempre en artículos o notas televisivas realizadas en un día. Algo más debía haber. Las historias siempre aparecen si uno espera.

Los días pasaban y la monotonía del lugar ya era parte del relato. Basta muy poco tiempo para que en un sitio así, perdido, lejano, con poca gente, todos te conozcan y repitas la rutina de ellos. Mientras esperaba que algo importante sucediera en la letanía del Bajo Aragón, entrevistaba a ancianos, a matrimonios argentinos, me sumaba a la rutina.

Y mientras sigo pegado al televisor y las horas pasan y los días pasan por esa ventana con vista a las sábanas, descubro que la ansiedad por encontrar una historia me está consumiendo la garganta, que lleno con un cigarrillo tras otro durante toda la madrugada, en espera de que algo pase.

La historia se llamó «La patria madrastra». En el pequeño pueblo terminé encontrando el resumen de todo un fenómeno internacional. Para llegar a eso, claro, tuve que enfrentarme con personajes que estaban realmente desesperados y con camioneros que a cada momento me preguntaban en el bar del hotel si yo era otro de los argentinos que andaban buscando trabajo en España. «Porque en España estamos muy bien tío, por eso vienen todos ustedes a currar aquí».

Supongo que esta idea de España, transformada en la madrastra patria de quienes venimos de la tierra de los hoteles España, pareció potenciarse meses más tarde, a mediados del 2002 con la muerte de Wilson Pacheco: un ecuatoriano sin papeles que vivía en Barcelona y le mandaba dinero a su familia en las afueras de Quito.

La noche de aquel sábado Wilson había ido al Maremágnum de Barcelona, una zona de bares, discotecas y salsotecas construida sobre el mar con motivo de las Olimpiadas de Barcelona. Parecía una noche más, con borrachera inmigrante y paseo por fuera de los distintos locales de fiestas, hasta que llegó al local llamado Caipirinha, y la historia comenzó a cambiar.

A Pacheco no lo dejan entrar. Se arma un lío en la puerta. Los guardias le dan una pateadura entre tres hasta que uno de ellos, James Anglada, un musculoso de pasaporte de Estados Unidos, decide terminar con el asunto: levanta a Pacheco, recién golpeado, y lo arroja al mar para, según declararía más tarde, darle una lección.

Anglada declaró que pensaba que el ecuatoriano sabía nadar.

El cuerpo de Wilson Pacheco quedó flotando bajo el Maremagnum, mientras arriba seguía la fiesta. Cuando se supo la noticia, rápidamente saltó a los titulares.

Recuerdo la marcha de inmigrantes latinoamericanos que hubo por la Rambla de Barcelona, en su mayoría ecuatorianos, colombianos y dominicanos. Pedían justicia, aunque sus gritos eran en voz baja. Los vi pasar desde una mesa del Café de la Ópera, como si no fuera uno de ellos.

Muchas veces, ninguno de quienes vivimos en la América Latina del bicentenario quiere ser uno de ellos.

A los dos días del asesinato, la mujer de Wilson Pacheco llegó a Barcelona en un vuelo directo desde Ecuador. La esperaba un batallón de micrófonos de medios españoles, con hambre de escuchar las primeras reacciones de la viuda.

Ella, con voz tímida y sonrisa nerviosa, les agradeció a las autoridades españolas que le habían pagado el pasaje y, sobre todo, que le habían prometido darle la residencia definitivamente y legal en España. Eso que Wilson, como muchos de quienes marcharon tras su muerte, nunca consiguió.

* * *

A doscientos años de la independencia el avión sobrevuela sobre la antigua Gran Colombia, aquel territorio que formaron Colombia, Ecuador, Venezuela y Panamá. La azafata anuncia que hemos iniciado el descenso a la ciudad de Caracas. Por la ventanilla aparece un mar de vegetación espesa y las primeras pistas de esa gran isla de cemento que es la capital de Venezuela. Rodeada de montañas, desde el aire no se alcanzan a distinguir ni los rascacielos, ni las casas en las montañas ni aquellas largas y faraónicas autopistas de cemento, que supieron ser pioneras y las más modernas de América Latina, cuando en el resto de la región todavía no se termina de entender exactamente la importancia del petróleo.

Lo primero que aprendí de Venezuela fueron expresiones que escuché de alguna telenovela de esas que se transmitían durante mi infancia todo el día y en todo el barrio y en todas las ciudades de Chile y de América Latina. «Chévere», «conchalevale» y «qué saperoco», se habían logrado colar para marcar territorio entre tantos mexicanismos contagiados de *El Chavo del Ocho* y *El Chapulín Colorado*. Había crecido reduciendo a México a una vecindad pobre y a Venezuela a la cocina de una mansión donde lloraba una muchacha pobre por el amor del señorito de la casa.

—Es que a ustedes, los del sur, les cuesta entender que nuestro deporte principal no sea el fútbol. Eso genera una distancia muy grande —me dijo una tarde Yumber, un periodista venezolano radicado en Buenos Aires, y su interpretación geográfico-futbolística tenía algo de razón.

Nunca supe cuándo ni por qué las telenovelas venezolanas dejaron de ser parte de la merienda básica de cualquier latinoamericano. Lo concreto es que, de pronto, ya no estaban más. Se habían ido, igual que los concursos de belleza con una venezolana como Miss Universo. Entiendo que todavía se realizan, pero seguro que no tienen la importancia de aquellos años. O al menos la importancia que recuerdo ahora, en el Chile de Pinochet donde no existía la televisión por cable ni los videoclubs, y había una eterna transmisión de telenovelas venezolanas y concursos de belleza. Junto a «chévere», «conchalevale» y «qué saperoco», tendría que agregar «Maritza Sayalero».

—¿Todavía existe Maritza Sayalero? —le pregunté a una amiga venezolana.

—¡Claro! Incluso hay una carretera llena de curvas que le dicen la Maritza Sayalero... ¿Y por qué la conoces?

La recordaba, porque recordaba Maritza Sayalero, como también recordaba chévere, conchalevale y qué saperoco. Sin embargo, con el tiempo, he logrado rearmar la historia de por qué puedo recordar tan claro el nombre de una Miss Universo venezolana coronada hace más de veinticinco años.

Era 1979 y la flamante Miss Universo, la venezolana Maritza Sayalero, llegaba de visita a Chile. Durante los años más duros de la dictadura militar, cuando a ninguna figura internacional se le ocurría aterrizar en Santiago, la Miss Universo era recibida con honores de Estado y tratada con la importancia de una primera mandataria. Como si se tratara de la reina Isabel o la última líder política, las actividades de nuestra ilustre visita eran transmitidas en directo y todo el tiempo por la televisión oficial. Después de una reunión con el propio Augusto Pinochet, Maritza declaró que: «de mi visita a Chile me encantó la entrevista con el presidente Pinochet. No había conocido a nadie con tanta calidad humana». A eso le siguieron adjetivos como «encantador» y «lindo» y «bello». Declaraciones repetidas por la señal oficial hasta el hartazgo, hasta conseguir que hasta el día de hoy no olvide su nombre.

—Hemos aterrizado en el Aeropuerto Internacional de Maiquetía Simón Bolívar. Los pasajeros que siguen el vuelo, por favor permanezcan en sus asientos —dijo la azafata, y como el destino del viaje significaba seguir por la vieja Gran Colombia hasta Panamá, me quedé observando la terminal aérea desde la ventanilla. En grandes letras se destacaba el nombre Simón Bolívar.

Simón Bolívar no solo fue una figura decisiva en la independencia de Venezuela, sino también en la de Bolivia, Colombia, Ecuador, Panamá y Perú. Nació en Caracas y murió en Santa Marta, Colombia, donde ahora está El Rodadero. Junto al argentino José de San Martín, es una de las figuras más destacadas de buena parte de las independencias latinoamericanas que ahora comienzan a cumplir doscientos años. Es en honor a ellos que se juega nuestro gran campeonato de fútbol: la Copa Libertadores de América.

El proceso de emancipación de Venezuela comienza el 19 de abril de 1810. Aprovechando la invasión napoleónica en España, los miembros del Cabildo de Caracas desconocen al entonces capitán general de Venezuela, Vicente Emparan. Comienza la guerra de Independencia, que dura más de diez años y culmina con una victoria republicana encabezada por Simón Bolívar, el 24 de junio de 1821, en la batalla de Carabobo.

—Por favor, enderecen sus respaldos y abróchense el cinturón que vamos a despegar —dice la azafata, antes de partir a Panamá.

* * *

El Hotel España de Panamá se llama Hotel Vía España, y está en la calle Martín Sousa del centro de Ciudad de Panamá. Es un hotel chico, sin estrellas, donde seguramente no se alojó ninguno de los más de sesenta mil militares y policías de toda América Latina, que llegaron a Panamá para recibir instrucción en la Escuela de las Américas.

La Escuela de las Américas, dependiente del Ejército de Estados Unidos, fue una escuela militar que funcionó en Panamá entre 1946 y 1984. Ahí recibieron entrenamientos de Estados Unidos generales como el argentino Leopoldo Fortunato Galtieri o el panameño Manuel Antonio Noriega.

Prácticamente no hay jefe de los servicios secretos de las dictaduras latinoamericanas que no haya viajado, al menos una vez, a recibir entrenamiento de tácticas y torturas y de interrogatorios a Panamá.

Martin Meehan, senador demócrata de Estados Unidos, declaró: «Si la Escuela de las Américas decidiera celebrar una reunión de ex alumnos, reuniría algunos de los más infames e indeseables matones y malhechores del hemisferio».

Tristemente célebre en toda la región, la Escuela de las Américas se fue de Panamá en 1984 y se instaló en Georgia, Estados Unidos. En 2001 cambió su nombre, por el de Instituto de Cooperación para la Seguridad Hemisférica.

El histórico edificio de la Escuela de las Américas en Panamá fue transformado en un jugoso hotel gracias a los capitales venidos de España. Las mismas instalaciones donde se entrenó la jefatura de las dictaduras latinoamericanas se han transformado en un cinco estrellas, el Hotel Meliá Panamá Canal, que ofrece elegancia y confort en sus instalaciones, y una gran riqueza de flora y fauna a los amantes de la naturaleza. Se encuentra a orillas del Lago Gatún y a solo diez minutos de la zona libre de Colón.

8. Vivir cruzando

La tranquilidad del recorrido turístico cambió radicalmente cuando aparecieron los bombazos, los helicópteros de guerra volando pesados y a baja altura, las corridas, los gritos de espanto, los tanques con metralletas y las balas. Sobre todo las balas, silbando lejos y muy cerca, desde arriba y desde abajo, tumbando cuerpos de civiles, reventando la cabeza de un tipo arrodillado y con los brazos en alto. Balas zumbando hasta picar las paredes del centro y la periferia de Ciudad de Panamá. Ráfagas de metralletas como un redoble de tambor, acompañando la marcha de los prisioneros hacia los camiones militares. Sirenas, ambulancias y un cielo rojo y espeso, cubierto con el humo de las casas y edificios bombardeados, totalmente diferente a la claridad asoleada de cuando comenzó el recorrido turístico.

—Vamos a recorrer el centro, después vamos al canal para ver un cruce de barco, y después recorremos las villas donde vivían los americanos —dijo Samuel Marambio de entrada, apenas hizo andar su auto. Eran pasadas las diez de la mañana, el aire estaba pesado como una morsa, y en la primera avenida nos encajonamos en un atochamiento de kilómetros. No había aire acondicionado. Por la ventanilla entraba el reggaeton que venía de un Pontiac negro, y atrás había una ambulancia con un chofer de brazos cruzados.

Samuel Marambio, como muchos panameños, vive del canal de Panamá. No es taxista, no es guía de viajes, no está en el negocio del turismo, pero cuando lo llama su primo que trabaja en la recepción de un hotel y le dice que alguien quiere conocer el canal, Samuel carga combustible en el auto y enciende el motor. A los sesenta dólares de un *city-tour* organizado y compartido dentro de un bus con guía y micrófono, Samuel contra oferta un recorrido personalizado y de toda una mañana por veinte dólares: doce para él y ocho para su primo.

Marambio es mulato, tiene más de cincuenta años, la nariz quebrada, una guayabera color vainilla, un crucifijo de madera y un sobrepeso que lo cansa. No tiene trabajo fijo: a veces pinta casas o hace fletes o ayuda en el almacén de su cuñado o corta el pasto o ve peleas de boxeo hasta que se queda dormido o toma cerveza escuchando la radio o le dice a sus dos hijos que estudien o recuerda sus años en el ejército o lleva a algún extranjero a conocer el canal de Panamá. Si bien no entra en las ganancias aduaneras del canal, que superan los mil millones de dólares anuales gracias al peaje de unos ocho mil barcos por año, el cruce le ayuda a ganar unos pesos extras.

Tal vez por eso, Marambio votó que sí el plebiscito del 22 de octubre de 2006, cuando casi un 80% de panameños aprobó democráticamente el ensanchamiento del canal de Panamá. Una obra de cinco mil millones de dólares, que pretende estar terminada para el 2014, cuando se cumple el centenario del canal de Panamá. La aprobación fue rotunda, y pretende aumentar el flujo de barcos por los 81 kilómetros de conducto entre los dos océanos.

—Después de esa obra, el norte va a estar más separado del sur —dijo Samuel, poco antes de que aparecieran las bombas y los tanques.

Panamá se independizó de España en 1821, y de Colombia en 1903. Sin embargo, como la mayoría de los países de América Latina, su historia ha estado plagada de independencias y dependencias. Si de algo podemos vanagloriarnos en Latinoamérica, a doscientos años de la independencia, es que hemos logrado relativizar el término independencia a un punto, tal vez, sólo comparable con África.

Samuel Marambio era militar activo en 1989. En el gobierno estaba Noriega y vivía ahí, en esta casa, me dice Marambio cuando pasamos por una casona de paredes altas y vegetación abundante que ahora está abandonada.

Marambio entró al ejército por recomendación de un tío, y permaneció ahí hasta 1991. Sin embargo, en un momento del plácido *City-tour*, la cosa cambia. Eso sucede cuando nos ponemos a hablar del 19 de diciembre de 1989, el día en que Estados Unidos invadió la República independiente de Panamá.

Panamá marca la última invasión militar oficial de Estados Unidos en Latinoamérica. Dos días antes, en Estados Unidos, se había emitido por primera vez en la historia un capítulo de *Los Simpson*.

Marambio detiene el auto, y comienza a recordar aquel día. De pronto, sus manos lentas recuperan agilidad y su sobrepeso no parece impedimento para que relate aquel día con la movilidad de un atleta. Ayudado por sus brazos recrea con detalles el 19 de diciembre aquel, y acompaña las explosiones con sonidos que salen de esa misma boca que hasta hace poco contaba chistes y hablaba de mujeres y contaba orgullosas estadísticas del canal.

Por la tranquilidad del recorrido turístico han comenzado a aparecer las primeras explosiones y los helicópteros de guerra volando pesados y a baja altura, las corridas, los gritos de espanto, los tanques con metralletas y las balas. Sobre todo las balas, silbando lejos y muy cerca, desde arriba y desde abajo, tumbando cuerpos de civiles, reventando la cabeza de un tipo arrodillado y con los brazos en alto. Balas zumbando hasta picar las paredes del centro y la periferia de Ciudad de Panamá. Ráfagas de metralletas como un redoble de tambor, acompañando la marcha de los prisioneros hacia los camiones militares. Sirenas, ambulancias y un cielo rojo y espeso, cubierto con el humo de las casas y edificios bombardeados.

—Fue muy duro. Era como el fin del mundo. Además, hasta pocos años antes aquí vivían muchos soldados americanos. Esto era como una base. Hay muchos americanos que se quedaron a vivir, porque se casaron con panameñas. Entonces, todo eso de la invasión se vivió como algo muy duro. No te quiero decir que Noriega era bueno, no señor, no era bueno. Pero la invasión fue muy dura.

La acción militar de Estados Unidos se planificó con un bombardeo simultáneo a todos los objetivos militares en Panamá. George Bush padre, presidente de Estados Unidos entonces, justificó la invasión con palabras similares a las que diecisiete años más tarde usaría su hijo para justificar la invasión a Irak: «Tenemos como objetivo capturar a Manuel Antonio Noriega y proteger los intereses norteamericanos en aquel país».

El total de la movilización militar tomó aproximadamente dos semanas y se calculan más de tres mil muertos, en su gran mayoría civiles de las áreas más pobres del país.

—La gente moría y moría. En los hospitales hacían cerros con los cuerpos —recuerda Marambio, mientras sigue bombardeando con las manos.

La operación, que marcó la última invasión armada sobre un territorio independiente de América Latina, fue bautizada por el Gobierno de Estados Unidos como «Causa Justa».

* * *

Cuando uno vive en un hotel se acostumbra a ver pasar y pasar gente y uno juega a imaginar sus vidas, sus historias, sus destinos. Por eso, lo normal de un hotel es estar de paso. Sin tiempo para detenerse, la cadena de producción debe seguir. Nadie se imagina un barco detenido en la mitad del canal de Panamá, porque todo debe seguir, siempre seguir. Vivir cruzando.

Cuando, finalmente, llegamos al canal, el ambiente de guerra ha desaparecido y Marambio está de vuelta contando chistes. Cuando llegas al canal, pagas una entrada barata, y te sientas en unas sillas plásticas frente al canal. Al lado tuyo habrá otros extranjeros con cámaras de fotos. Por los parlantes comenzará a salir la voz de una mujer que va relatando, en español e inglés, parte de la historia del canal antes de explicar la maniobra de rebalse de aguas que permite que los buques crucen frente a nosotros. El espectáculo es bastante pobre, si se piensa que se limita a ver el lento andar de un buque de carga con bandera panameña repleto de *containers* de varios colores, o el de un buque japonés con muchos pisos de alto y un cargamento de autos capaces de abastecer a media ciudad.

Mientras los barcos pasan frente a nosotros, los turistas se sacan fotos. Más que por la belleza del lugar, por estar en la parte más angosta del continente. O, seguramente, por estar en una de las obras de arquitectura más ambiciosas del siglo pasado: mal que mal, se trata de un canal que partió, literalmente, el continente por la mitad.

Sin bien Panamá es un país independiente, la obra fue construida por Estados Unidos y por muchísimos años fue territorio estadounidense. Después de ver el cruce de barcos, Marambio te lleva a recorrer las antiguas villas de mansiones donde vivían los militares estadounidenses en la época en que dominaban el cruce. Muchas de esas casas hoy son propiedad de panameños con dinero, o de militares estadounidenses jubilados que terminaron viviendo en Ciudad de Panamá, una de esas ciudades de Centroamérica donde todavía ser un ciudadano norteamericano abre, de par en par, demasiadas puertas.

—Para qué te digo que no, si todavía miramos con demasiado respeto a los americanos —me dice.

Aunque sigue siendo un país independiente, Estados Unidos dio su aprobación para el próximo ensanchamiento del canal y muchas empresas americanas están a cargo de la obra.

—No me olvido más el ruido de las bombas. Fue terrible. Yo sentí que la tierra se abría —vuelve a recordar, antes de despedirnos, tal vez sin darse cuenta de que vive en un país donde la tierra se abrió hace ya muchísimos años.

9

Ni en mis peores días de extranjero me he sentido tan discriminado como aquella vez en que volaba.

—No puedo creer que te guste la comida de avión —me dijo una pasajera de la que prefiero olvidar su nombre.

Nos había tocado viajar juntos en un vuelo interno de Cartagena a Bogotá, y mientras yo bajaba con hambriento entusiasmo mi mesilla del respaldo delantero, ella me dijo:

—Camilo José Cela decía que él jamás podría ser amigo de alguien a quien le gustara la comida de avión.

—A mí me encanta —le dije, casi como pidiéndole disculpas.

Hubiera preferido recordarle que los libros de Cela los tragaba con más dificultad que el habitual pollo deshuesado con papas secas de un vuelo regular. No salí a defender la comida en bandeja, ni las raciones pequeñas, porque seguramente habría terminado defendiendo los jabones pequeños que nunca se gastan y las toallas del baño que dicen «Hotel España». Cómo poder explicarle a alguien, que no deja espacio para otras formas de vida que la propia, que existe una felicidad que puede limitarse a comer en aviones y dormir en hoteles.

—La comida de avión es asquerosa y aburrida. Es como una hamburguesa de McDonald's —remató.

Recuerdo todo eso justo ahora, que voy arriba de un avión con destino a Buenos Aires, al Hotel España. Hace unos minutos la azafata de Aerolíneas Argentinas ha atravesado por el pasillo con el carrito de comida, lo que siempre será para mí una buena noticia cuando vuelo.

* * *

No es malo que alguien deteste cierto tipo de comida, pero sentenciar a alguien por sus tendencias culinarias me parece un exceso. ¿Por qué algunos odian a los que nos gusta la comida de avión? Una época viví varios meses comiendo todos los días hamburguesas en un Burger King, y no por ello me convertí en un potencial turista de crucero por el Caribe. Es más: hasta bajé de peso con la dieta esa. Tampoco soy un arribista exquisito solo por confesar que en alguna época comí más *sushi* que pan, aunque desde aquella vez trato de no consumirlo en ciudades sin mar. Pienso en ese vegetariano furioso que te insulta cuando le hablas de lo rico que sabe un gallo de pelea recién muerto. O en el carnívoro expansivo, que no soporta ver a un naturista que disfruta igual la vida sin colmarse la panza de bifes de chorizo ni piernas de cerdo. Por una extraña razón, el mundo de la gastronomía tiene esa cosa de cacería de brujas que lo empequeñece. Parece ser que la tendencia es perseguir al que no tiene mi paladar.

Si hay un mundillo de intransigentes, los gastronómicos deben ser de los primeros. Quisiera ser más tolerante con los intolerantes, la verdad. Por demasiado tiempo sus sentencias me obligaron a mantenerlo oculto, por eso permítanme una confesión casi emotiva: me gusta la comida de los aviones. Sí, claro. La disfruto, quizá por las mismas razones que tanto se la critica: porque es aburrida, sin identidad y porque siempre sabe a lo mismo, a nada.

De todas formas tengo pruebas concretas para decir que esa generalización es mañosa y maniquea. No todo es igual. Recuerdo un vuelo entre Nairobi y Mombasa, en el que adentro de la cabina del Air Kenia las azafatas iban asando unas brochetas de carne de cerdo: riquísimas, aunque tan ahumadas como luego quedaría toda la cabina. Me cuentan que en el viaje de Londres a

Nueva Delhi, si se hace en la aerolínea Thai Air, te sirven comida india muy condimentada y casi todos los pasajeros (indios en su mayoría) se la van comiendo con la mano, felices de volver a casa y dejando atrás esos fríos y occidentales tenedores y cuchillos.

Si viajas entre Miami y Boston, en United, lo más seguro es que lo único que te sirvan sea un maní y un vaso de bebida, aunque si tienes suerte te puede tocar una hamburguesa de queso y un jugo en caja o un yogur. La última vez que me subí a un Delta, entre Atlanta y Kentucky, lo único que me sirvieron para las tres horas de viaje fueron unas galletas circulares rellenas de aire. Las quise acompañar con una cerveza, y la azafata me la cobró aparte. Era una nueva medida de la empresa: pagar por beber. Por un tiempo, en los vuelos internos dentro de Chile se servía pastel de choclo: carne molida cubierta con una capa de maíz. Un amigo me dice que entre Nicaragua y Panamá le sirvieron huevos fritos en el desayuno. En muchos casos la comida de un avión es la primera entrada para entender el destino al que estás a punto de llegar. Y eso sabe bien.

Pero, generalizando —verbo fundacional de la alimentación aérea—, esta comida en el aire es casi igual, hecha en serie, para todo el mundo. Es tan industrial que mueve miles de millones de dólares al año y sus presupuestos de investigación apuntan incluso a cambios genéticos en la especie humana. «La gente se asombra de que en la comida de los aviones le toque siempre la parte central del huevo duro», dice el escritor Juan José Millás, quien, por cierto, debe tener miles de millas de viajero. Luego desengaña: «No saben que esa loncha procede de un huevo artificial, con forma de chorizo, donde no hay más que rodajas centrales, para que las bandejas sean idénticas». Moraleja de Millás: «Es lo que pasa también con las series de televisión terminadas en boda: no es por amor ni nada de eso. Es por la existencia de un molde previo, de una realidad con una forma predeterminada». Tan predeterminada como parece ser la vida fuera de un hotel.

* * *

La azafata ya casi llega a mi asiento. En estos momentos está preguntándoles a los de adelante qué quieren para beber. Todos los de mi fila hacemos como que no escuchamos, pero estamos con la oreja en plan antena parabólica, para saber de qué viene el menú. Desde que investigo el negocio del *catering*, como se conoce técnicamente el servicio de comida a bordo, a todo el que se me cruza por delante le pregunto por su experiencia de comensal aéreo. De este ocioso interrogatorio puedo aventurar una tipología del *gourmet* de comida de avión:

1. El que comprensiblemente la detesta. Aquel que tiene que viajar por trabajo, un par de veces por semana, y siempre en la misma ruta.

2. El que la disfruta como entretenimiento. Alguien que no sabe qué hacer con el tiempo y le sobra el alma infantil. Se entretiene fabricando historias con los contenidos de la bandeja como un niño con un Lego.

3. El que la odia porque hay que odiarla. Generalmente el mismo individuo que odia la televisión y el fútbol. Hay también en esta categoría excepcionales profesionales del odio a la culinaria aérea, como Manuel Vázquez Montalbán, a quien le gustaba el fútbol.

4. El que se incomoda porque no la conoce. Aquella persona que casi nunca viaja, y quien a menudo tiene un respeto reverencial por el gusto de la comida de avión. Un caso doloroso fue el de los campesinos chilenos que Pinochet mandó al exilio en sus primeros años de dictadura. Viajaron hasta Europa chupando las servilletas, sin probar nada de los platos por temor a que les cobraran la comida. Acababan de salir de la cárcel y llegaron a Europa sin un peso.

5. Al que le gusta porque le gusta todo. El que goza, porque está vivo para disfrutar, igual como si estuviera comiendo langostas en Isla de Pascua, ratones fritos en Tacna o panchos con mostaza en México D.F.

6. El que la mira en menos porque es poco contundente. Generalmente, un tipo de gran tonelaje a quien lo que realmente le molesta es tener que comer arriba de esa mesita tan estrecha y amariconada. Además, con los codos pegaditos al cuerpo y sujetando los cubiertos con dos dedos.

7. Al que le resulta indiferente. Generalmente es un neurótico con terror a volar y que apenas despega el avión se empastilla, es decir, se traga un par de Valiums con el agua del vaso de plástico que fue a buscar donde las azafatas.

8. El que la disfruta porque ya está de viaje. Después de todo, la comida de avión significa que estás arriba de un avión. Que vas a alguna parte o regresas a otra. Da lo mismo la dirección, pero sí importa que estás en el aire. Y ahí no estás llevando tu vida normal, la situación es diferente, tanto que sería un crimen gastar energía en discutir por lo que tienes que comer.

9. El que la desprecia por su cultura culinaria. En esta categoría entran muchos habitantes del territorio de los hoteles España. Priman los peruanos y mexicanos, para quienes una comida sin picante, verdaderamente picante, equivale a un café sin cafeína para un colombiano o a un almuerzo sin vino tinto para un argentino. Pero ellos deben saber —dicen en las líneas aéreas— que una comida con mucho condimento y ají podría transformar el vuelo en una pequeña bomba de gases fétidos.

* * *

A Douglas Coupland, ese escritor con acné de la novela *Generación X*, no le gusta la comida de avión. La declara como «pequeños bocados sin alegría». Esa tristeza de la que escribe el autor de *Planeta Champú* me alegra en el fondo. ¿Acaso prefiere esos platos con dos huevos fritos en forma de ojos y una salchicha curva como señal de sonrisa? ¿Hay algo más patético que la pretensión de un plato alegre? Lo que más me gusta de la comida de avión es que no te pone a prueba, no te pide nada a cambio: ni erudición de *gourmet* ni destreza con los cubiertos ni agilidad estomacal ni malabares con la boca ni muelas a toda prueba ni luz de velas. En estos tiempos de charlatanes que solo saben manejar bien las formas, y con eso les basta, la comida de avión te complace sin mayores ambiciones. Si de verdad existe comunicación entre el comensal y el plato, cosa en la que creo al igual que el fallecido chef argentino Gato Dumas, con la comida de avión la conversación se reduce a nada. No tienes que explicarle gran cosa. La bandeja sabe que estás ahí, frente a ella, por una anécdota de viaje y no porque quisiste ir a su encuentro. Uno sabe que ese mismo plato está repetido miles de veces en otros vuelos. Cada uno en lo suyo y basta: la comida alimentándote y tú comiendo. Se trata de esa cosa acogedora de los productos en serie, de ese estado entrañablemente impersonal que también puedes encontrar yéndote a vivir a un hotel.

Aquí me gustaría dejar la bandeja de lado y pensar en por qué algunos nos sentimos en familia con las cosas impersonales. ¿Será acaso que consumir productos en serie es nuestra manera de homenajear robóticamente a las viejas huestes del socialismo? ¿Tendrá que ver con que nuestro egoísmo individualista de la modernidad nos trastornó y uno se encariña con una cama de hotel con la misma ingenuidad como un perro de departamento le coquetea al muñeco de peluche del departamento de enfrente? ¿O quizás tenga algo que ver esto de llevar una vida de cronista *free-lance* para que yo termine andando por el mundo aferrándome a cualquier conducta que me haga actuar rutinariamente? ¿Tendrá algo que ver en todo esto el desarraigo?

Si hay una comida desarraigada es la de los aviones. Esa falta de nacionalidad, de acento, de sabor, de color que la estereotipe. Esa falta de rasgos quizás sea mi principal complicidad con ella. Nunca hay un sabor que me recuerde a mi madre pidiéndome que me coma todo-todo y dejándome tres horas frente al plato frío sin poder pararme de la mesa hasta terminarlo. Tampoco me rememora los caldillos de congrio de mi abuela María, plato que Neruda receta tan bien en su «Oda al caldillo de congrio», pero que para mí fueron terroríficos desde que vi el ojo de un congrio flotando en mi cuchara. Menos me recuerda esa jalea roja que me dieron mañana, tarde y noche, mientras estuve internado por una apendicitis a los diez años, y de la que al final acabé pensando que ese postre de sabor vomitivo se movía como si tuviera vida propia. Ni el olor a mariscos esa tarde con puesta de sol cuando junto a la mujer que creía perfecta abríamos almejas junto al mar, felices, sin pensar que todo terminaría pésimo. En la comida de avión no encontraré los sabores de los países donde he vivido, ni con ellos sus recuerdos buenos y malos, ni tampoco aparecerán las ciudades donde he comido como animal. Recuerdo un *tour* gastronómico por el interior de España en el que subí cinco kilos y comí tanto jamón crudo que casi entro en coma de Alzheimer. Otras comidas y situaciones están para añorar. Como pocas cosas, la comida rememora situaciones y momentos en la vida de uno. Y cuando uno viaja quiere mentirse diciendo que llega al destino con la hoja en blanco. Para eliminar recuerdos, la comida de avión es una buena cómplice.

* * *

Ya era hora. Por fin llega mi turno de comida. Por la ventanilla del avión se ve una alfombra infinita de nubes. La inmensidad que está detrás del vidrio plástico puede hacerte sentir insignificante. El infinito es incalculable, pero los números no. Cuando estoy frente a la bandeja, en las alturas, recuerdo un dato que puede ser demoledor para cualquier autoestima, pero a mí me enternece: la bandeja que tengo enfrente es una de las dos mil millones de bandejas de comida de avión que según la Asociación Internacional de Transporte Aéreo se servirán durante los próximos dos años. La azafata me pasa del único plato que le queda: pastas.

Son unos ravioles un poco secos que saben a pollo, acompañados por una salsa tibia con aspiraciones de *bolognesa*. Antes de empezar a comer me quedo contemplando todos los platos al mismo tiempo: el postre, la taza del café, la ensalada, el pan, el plato fuerte, el vaso de vino. Me gusta poder elegir por dónde empezar y qué destapar primero. Históricamente, sentarse a comer es vivir una progresión dramática. Una en la que el inicio es la entrada, el cuerpo es el plato de fondo y el final es el postre (dulce, porque la progresión dramática es tan obvia que solo acepta un sabor azucarado al final del guión). A la vez pueden ir historias laterales independientes, como el vino, que atraviesa toda la historia. O el café, que vendría a ser un epílogo con moraleja. Toda esa obviedad progresiva se anula en el avión. Y eso también se agradece.

La comida finalmente termina entregándome ese sabor nostálgico de saber a lo mismo de siempre. Me gustaría decir que las pastas de hoy me han traído a la mente sabores exóticos de Italia y con ello rememorar una experiencia vivida en un viaje europeo romántico, o decir que la ensalada me ha llenado el paladar de aromas que me retrotraen a los paseos familiares cuando todavía la vida asomaba como esa cosa increíble que le pasaba a los amigos de mis papás. Pero nada de eso ocurre. Todo sabe a lo mismo de siempre, y afortunada o lamentablemente, los recuerdos y añoranzas recién aparecerán cuando esté caminando solo, oliendo y comiendo en Buenos Aires, y recuperando la normalidad del cuarto de hotel. Gracias a la comida de avión, hoy he tenido un viaje placentero.

10

El más famoso Hotel España de Cuba no quedaba en La Habana, sino en la ciudad balneario de Caibarién. Hasta donde llegó Federico García Lorca en 1930. Una delegación de poetas y periodistas cubanos lo acompañó desde La Habana a la villa de Caibarién, donde lo esperaba el Hotel España. Los recortes de la época dicen que García Lorca no solo visitó el Hotel España, sino que se llevó para España la receta estrella del España cubano: la salsa perro, especialidad de la casa elaborada con pescado, tomate, ají dulce y picante, ajo, cebolla, aceite, vinagre y papa.

Hoy, el Hotel España de Cuba se ha derrumbado, como la mayoría de los hoteles viejos de las playas cubanas. En su lugar se han levantado modernos y gigantescos *resort* con capitales, en su mayoría, provenientes de España. Enormes fortalezas turísticas dentro de las cuales se puede lograr algo que podría sonar insólito: que los visitantes ni siquiera se enteren de que están en territorio de los hoteles España.

Por eso que ahora estoy en Cuba, pero esto podría ser República Dominicana, México, Costa Rica o Colombia. Estoy tumbado en una playa de arenas blancas y agua turquesa, con palmeras que adornan el paisaje y un par de chicas en bikini que nos entretienen con coreografías infantiles. Estoy rodeado de europeos y canadienses que se grillan al sol ocho horas diarias y que, por lo mismo que pagan diez entradas al cine en sus países de origen, aquí se pasan una semana con todo incluido.

La escena transcurre en Cayo Guillermo, una de las mejores playas de la cayería norte de Cuba. Pero aquí, dentro de esta fortaleza cinco estrellas de capitales europeos, no importa si esto es Cayo Guillermo, Punta Cana, Playa del Carmen, Playa Langosta o San Andrés. Aquí adentro la salud de Fidel, el futuro de Cuba sin el comandante y la nueva mano de Raúl Castro son temas que, rápidamente, quedan aplastados por otras decisiones mucho más relevantes: qué factor solar es el más adecuado para el alto voltaje del sol, en qué restaurante vamos a almorzar y si es mejor el bar de la playa o el de la piscina.

Antes de venirme a Cuba recibí tantas recomendaciones que, más que estar viajando a la isla donde nacieron Silvio Rodríguez y Emilio Estefan, parecía que me estuviera yendo en un cohete a la luna. Todo, para que al final no se note que estoy aquí, en la tierra donde se hizo famoso Ernesto Guevara. Hasta ahora, lo más cercano al Che que he visto fue esta mañana, durante una excursión de *snorkel:* bajo el agua, en una de las barreras coralinas de Cayo Guillermo, divisé una estrella de mar de cinco puntas. Del mismo estilo que la estrella que el Che usaba en su boina.

Ahora tengo al lado a una pareja de canadienses en plan de luna de miel, que después de varios días han logrado un bronceado color rojo Ferrari. Más allá, tres jubiladas inglesas, que reparten la playa con la lectura de novedades de hace cinco años: una está con *El código Da Vinci* y otra con el tercer *Harry Potter*. De pronto se nos acerca un cuarteto cubano, con bongó y guitarra y maracas, que toca un par de canciones del repertorio Buenavista Social Club y vuelvo a recordar que estoy en Cuba cuando cantan *Chan Chan* y eso de «el cariño que te tengo, yo no lo puedo negar, se me sale la babita, yo no lo puedo evitar».

Es raro lo que ocurre aquí. Mientras cae el sol en esta playa paradisíaca y enciendo un habano para turistas y revuelvo el mojito que me estoy bebiendo y se cruza por delante un hermoso bikini italiano y meto los pies en una arena delgadísima, pienso en esa Cuba con la que crecimos en Latinoamérica. En esa eterna y permanente presencia de Fidel en todos nuestros noticieros —para bien o para mal, dependiendo de lo que sucedía en nuestros países—, al menos una vez cada quince días, durante todos los años de nuestra vida. En toda esa historia cubana que traemos en la mochila y que, lo compruebo aquí mirando a esa italiana que podría estar caminando por Punta Cana o San Andrés, solo nosotros parecemos darle tanta relevancia. Cuando uno está en un todo incluido de Cuba, de Guatemala o de Panamá, no hay más alternativas que entender que ahí adentro todo está incluido, menos el país donde aquellas vacaciones transcurren.

La extraña comodidad de no saber en qué sitios estás se ve acrecentada porque el intercambio entre locales y turistas se reduce a dar la mano para las propinas y a cerrar un ojo cuando se recibe un trago. A nadie le extraña que nunca se vea a un turista cubano. Lo importante es que el espectáculo de esta noche esté mejor que el de la noche anterior.

Cuando finalmente se va el sol, paso por la barra del *lobby* a renovar el mojito. El bar está tomado por media docena de ingleses de tonelaje pesado, que parecen venir bebiendo desde que salieron del suburbio en Londres. Más allá, un grupo de empleados cubanos recibe a un nuevo bus de turistas, esta vez alemanes, y corren a levantarles las maletas porque las propinas son en euros. El cuarteto de músicos los recibe con un alegre son cubano, pero no les presto atención porque estoy distraído: he vuelto a olvidar si estoy en una playa de Costa Rica, de Colombia o de República Dominicana.

Pero estoy en Cuba.

Cuba fue el último territorio de los España en independizarse de España. Más de noventa años después de los primeros países latinoamericanos, Cuba lograba en 1902 un doble triunfo: la independencia de España y el fin de la ocupación militar de Estados Unidos.

Pero ya sabemos que en América Latina las independencias y dependencias son muy relativas. Y ahora, en el Bicentenario, Cuba parece determinada por su no-dependencia de Estados Unidos en un bloqueo comercial que ya lleva medio siglo.

Llegué a Cuba cuando Fidel Castro, el latinoamericano más famoso del siglo XX, había cumplido un año como presidente de Cuba sin estar en su cargo. Doce meses desde que había renunciado a la vida pública, por enfermedad, pero sin embargo seguía siendo presidente ¿Podría un país vivir con un presidente invisible? Posiblemente, en Cuba todo sea posible.

11. Vivir en una isla

Esa versión es la que repite cualquier cubano con el que uno hable, más aún si hay otro cubano escuchando. No importa todo lo que se diga «afuera», como aquí le llaman a todo ese planeta tras las fronteras de la isla. No importan los constantes rumores sobre su salud, ni las preguntas majaderas de tantos turistas que vienen a la playa, ni los titulares «sin censura» que se proyectan diariamente desde la oficina de asuntos comerciales que tiene Estados Unidos en La Habana. Ni siquiera interesó que hace unos meses, el 26 de julio pasado, se cumpliera un año desde que Fidel Castro desapareció del foco público dejando el poder en manos de su hermano Raúl. Hasta sus muy esporádicas apariciones televisivas, flaco y gastado sobre una cama o vestido con ropa deportiva y moviéndose con temblores, han servido para reafirmar una versión de buena salud que aquí se repite por diarios, radios y televisión. Ya ni siquiera importa si el que opina es un seguidor fiel, absoluto y obediente de la revolución, o un cubano cansado del régimen y que habla de «cambios necesarios» con voz baja y monótona. Ya sea con acento de buena nueva, o de mala noticia, aquí adentro todos aseguran lo mismo: que Fidel está.

—Y está muy bien, eh. Todas las semanas publica alguna de sus reflexiones en *Granma*, donde nos va hablando de distintos temas —me dice Rolando Santelices, agente de viajes, dándome esa ex-

plicación sencilla que en La Habana se escucha una y otra vez: «Fidel está bien, es cosa de leerlo en *Granma*».
El diario *Granma* es el órgano oficial del Comité Central del Partido Comunista de Cuba. Un periódico que cuando publica la fecha del día, además de indicar que estamos en el 2007, recuerda que estamos viviendo el año 49 de la revolución cubana. En la parte superior de la portada, todos los días, viene una foto de Fidel Castro levantando un fusil junto a un grupo de combatientes. Y adentro, en sus ocho páginas, no se ve ninguna publicidad comercial sino solo informaciones oficiales. A Rolando, por trabajar en una empresa de turismo del Estado, le llega un ejemplar de *Granma* gratis todos los días.

Rolando tenía 12 años para el triunfo de la Revolución. Cuando conversamos, no hay otro cubano escuchando, lo que le da legitimidad a su defensa del gobierno castrista. Habla de la educación y de la salud con el mismo chauvinismo que los argentinos se enorgullecen de la calidad de su carne, o los mexicanos de las propiedades de su chile. Rolando es largo como Fidel y usa un bigote grueso como Raúl. De toda su familia, con tres hijos y muchos sobrinos, ninguno se ha ido de la isla. Él mismo dice que lo suyo es un caso raro, que hasta Fidel Castro tiene una hija en Miami, que en su barrio se han marchado muchísimos, que justo hoy hablaba con un amigo que se quiere ir. «Podemos tener problemas, como todos, pero yo le preguntaba a mi amigo ¿por qué le va bien a los cubanos en Estados Unidos? Y él sabe que es por la educación que tenemos. Eso lo reconocen todos, y eso se lo debemos a Fidel y a la Revolución», dice en tono pausado, sin perder la calma, sin mover los brazos con gestos alegóricos, sin levantar el puño hasta lo alto.

—¿Viste alguna vez a Fidel en persona? —le pregunto —Sí, una vez le di la mano. Yo estaba muy nervioso. Fue hace varios años, cuando trabajaba en construcción. Se había organizado un congreso internacional de científicos, y faltaban unos meses para el encuentro. Fidel había ordenado levantar un edificio especial, que se inauguraría para el congreso. Trabajábamos contra el tiempo, porque había que terminarlo sí o sí para esa fecha. Como no podíamos atrasarnos, todas las semanas, a veces dos o tres veces por semana, Fidel se aparecía en la obra. De improviso. En una de esas visitas lo saludé. Cuando él se aparecía todos nos poníamos nerviosos, porque Fidel hacía preguntas. Muchas preguntas. Siempre trataba de ponernos en aprietos, para que no le mintiéramos. «Tú me estás mintiendo», le decía a alguno, cuando lo descubría en contradicciones o porque se demoraba mucho en contestar. Cuando Fidel te daba la mano te miraba fijo a los ojos, muy fijo, y así se daba cuenta si tu tenías valor suficiente para determinada misión. Cuando me dio la mano me miró bien fijo, y yo traté de que viera mi valor en los ojos. Después nos hablaba a todos, nos reunía, y nos decía que nuestra misión era terminar el edificio a tiempo. Nos daba fuerza, nos decía que la Revolución nos necesitaba, nos decía que no podíamos fallar en la misión de terminar el edificio a tiempo. Recuerdo que en la obra había unos pilares de cemento, altos, donde irían las bombas de agua. Cuando Fidel vio esos pilares, preguntó: «¿Qué es eso?». Alguien le explicó qué era, y entonces él dijo, con tono de humor: «Parece un buen lugar para que se ahorque el jefe de obra si no se termina el edifico a tiempo». Lo decía en chiste. Él era muy chispeante. Casualmente, a las pocas semanas, un compañero que tenía problemas en la casa, problemas familiares serios, se ahorcó ahí. Recuerdo que llegamos una mañana a trabajar, y él estaba colgando. Lo tuvimos que bajar entre todos, antes de seguir. Era como si Fidel hubiera adivinado. De todas maneras, finalmente logramos cumplir la misión, y el edificio estaba terminado el día de la inauguración.

* * *

Oficialmente, cuando llegué a Cuba ya no vivía en el Hotel España de Buenos Aires, pero tampoco había conocido México. Y sin conocer el España del D.F., jamás dejaría de vivir en el hotel. Finalmente, el proyecto se había transformado en la realidad. Y mientras no lo concretara, seguiría siempre vivo.

Algo similar ocurre con la Revolución en Cuba. Oficialmente, durante este viaje Fidel Castro Ruz sigue siendo el comandante en jefe y presidente del Consejo de Estado de la República de

Cuba. Y así me lo dice Estela Rivas, vestida con pollera negra y una camisa verde militar, mientras caminamos por una trinchera de defensa. Estela, que tiene el pelo muy corto y la voz muy seca, tenía quince años cuando triunfó la Revolución, y un año más tarde ya formaba parte de las Milicias Nacionales Revolucionarias. Al poco tiempo, pasó a formar parte de las Brigadas de Producción y Defensa, un organismo formado por voluntarios entrenados para la «Guerra de todo el pueblo» y que, en épocas sin alertas políticas internacionales, cumplen funciones de defensa civil y orden interno. Actualmente, en Cuba hay casi cuatro millones de brigadistas de producción y defensa. Hace un tiempo, después de cumplir sus sesenta, Estela dejó de ser brigadista. Y dice que extraña la brigada. A eso le entregó su vida y ahora, pensando en el último año de Cuba, le parece que la culpa la tiene Fidel. Aunque la culpa es del carisma.

—El problema de Fidel es que tiene mucho carisma, demasiado carisma, y ahora no sabemos qué hacer cuando no esté. Él es el culpable de que no sepamos vivir sin él —dice muy seria, aunque la frase la cierra con una leve sonrisa.

Hoy en día Estela Rivas es una de las encargadas de hacer el *tour* por el Hotel Nacional de Cuba, el cinco estrellas más famoso y tradicional de la isla. Un castillo de techos altos frente al Malecón, en la zona de Vedado, construido hace setenta años y al que el gobierno cubano le saca brillo para recibir turistas de medio mundo y a sus invitados oficiales.

Apenas uno se registra en el Hotel Nacional siente el peso de una extraña tradición. La mayor parte de los elementos se han mantenido originales, como los viejos ascensores que tienen una aguja para indicar el piso por donde van. Dos maleteros, vestidos muy formalmente, te acompañan al cuarto cargando tu equipaje. Y si te toca una habitación en el quinto piso, con vista al mar, puedes ver buena parte de La Habana Vieja y una panorámica tipo Imax de todo el Malecón.

El hotel es famoso por sus visitas ilustres: por aquí pasaron Buster Keaton, Cantinflas, Marlon Brando, María Félix, Sartre. Y por las oficiales: en estos momentos la suite presidencial la ocupa el primer ministro de Trinidad y Tobago. Aunque para Estela, no cabe dudas, otra era la visita más importante:

—Siempre que Fidel venía a saludar a una visita extranjera, lo esperaba en este salón. Se sentaba en el sillón rojo, mirando hacia la puerta, porque no le gustaba dar la espalda.

Después de mostrar un salón donde estuvo Churchill, la brigadista Rivas invita a recorrer la zona del hotel que mejores recuerdos le trae: el bunker y las trincheras se construyeron para la crisis de los misiles.

Dicha crisis, ocurrida a fines de 1962, es uno de los momentos en que estuvo más cerca una guerra entre Estados Unidos y la Unión Soviética. Pero es, además, el momento de mayor protagonismo cubano en la política mundial. Cuba, una isla con cien mil kilómetros cuadrados en pleno Caribe, la más grande de las Antillas y en un vecindario sin ninguna potencia (Bahamas, Islas Caimán, Jamaica y Haití), convertida en eje central del conflicto entre los dos bloques. Unas fotografías aéreas, que mostraban la instalación de misiles soviéticos dirigidos contra Estados Unidos, destaparon el conflicto.

—John Kennedy y Nikita Kruschev comenzaron a arreglar sin avisarle a Cuba, y Fidel se enojó. Fidel exigió participar, porque era un asunto de los tres. En esa época se construyeron estas trincheras, para defender la Revolución —dice Estela Rivas convencida, recordando la época en que Cuba y el comandante tuvieron su pequeña participación en las grandes ligas de la política mundial. No es un dato menor. Mucho antes del publicitado el *crossover* de Ricky Martin y su apertura a mercados mundiales, gracias a la crisis de los misiles Fidel Castro llegó ser el primer latinoamericano conocido y reconocido en todo el planeta. Al norte y sur de Tijuana, y a lo ancho de todo el globo. En términos mediáticos y de audiencias, nunca un país de América Latina llegó a ser tan famoso como lo fue aquella Cuba. La de hace cuarenta y cinco años.

—¿Viste alguna vez a Fidel en persona? —le pregunto.

—Muchas veces. La primera vez que lo vi, fue para el triunfo de la Revolución. Yo era una niña, y los vi entrar a la ciudad, y recuerdo que estaba muy emocionada, los saludaba a todos, los aplaudíamos. Y después, en los últimos años lo vi cuando venía al hotel. Nos saludaba a todas, era una persona muy simpática. Además, él sabe que tiene carisma y que es un personaje mundial, así que se dejaba fotografiar por los turistas. Venía a conversar con un presidente, pero antes se quedaba en el *hall* del hotel fotografiándose con los pasajeros. Esperamos que alguna vez vuelva.

* * *

Oficialmente, el jefe del equipo médico de Fidel Castro es también el director del «Club de los 120 años», una agrupación destinada a fomentar la longevidad: en la isla viven más de dos mil cubanos mayores de cien años. «Cuba es el único país que en el mundo, como Estado, se preocupa de los seis aspectos fundamentales para que hombres y mujeres puedan vivir ciento veinte con calidad», declara Eugenio Selman, el médico de Fidel y presidente del Club de los 120 años, detallando que esos aspectos fundamentales para vivir más de cien años son la motivación, la alimentación, la salud, la genética, la actividad física, la cultura y el medio ambiente.

Fidel Castro acaba de cumplir 81 años. Le faltan 39 para llegar a los 120.

Tal vez, todavía queda mucho tiempo para seguir escuchando la frase: «Hay que ir a Cuba antes que muera Fidel». Una sentencia caprichosa, y repetida. Porque a diferencia de lo que ocurre dentro de la isla, afuera siempre se ha asegurado que Castro muere en cualquier momento.

Los rumores sobre el fallecimiento de Fidel se han vuelto tan cotidianos como la transmisión de los goles el domingo. Desde que dejó el poder, no ha habido un mes en el cual no se publique —especialmente en Latinoamérica y Miami— algún rumor sobre el fallecimiento del líder de la revolución cubana. Aunque una y otra vez son desmentidos desde La Habana, siempre vuelven a florecer los murmullos del fin.

Desde el 26 de julio de 2006 han sido muy pocas veces las que Fidel ha tenido apariciones, todas por fotografías o en televisión.

El propio Castro ha declarado que la información sobre su salud es, oficialmente, un «secreto de Estado».

El 13 de agosto de 2006, cuando cumplió ochenta años, se difundieron las primeras imágenes de Fidel: aparece acostado en una cama, convaleciente de una operación, y en compañía del presidente venezolano Hugo Chávez. Los primeros días de octubre la revista *Time* aseguraba que Fidel padece un cáncer terminal, lo que es desmentido el 26 de diciembre por el médico español José Luis García. El 21 de marzo aparece fotografiado junto a Gabriel García Márquez, al aire libre, un día de sol. Y el 29 de marzo de 2007 publica por primera vez en *Granma* sus reflexiones. El título de su primera entrega: «Condenados a muerte prematura por hambre y sed más de tres mil millones de personas en el mundo».

Dos días antes de subirme al avión para venir a Cuba los rumores tomaron una fuerza inusitada. Medios importantes, como el canal NBC News, la agencia Associated Press (AP) y el diario *The Miami Herald*, se apoyaban en información de blogs faranduleros, como el de Pérez Hilton, para desperdigar la noticia. Los cubanos en Miami volvían a desempolvar sus banderas y trompetas y petardos para los festejos. Los reporteros de medio planeta reservaban vuelos a La Habana. Había llamados de un lado a otro, pidiendo confirmación o desmentida. La noticia-rumor esta vez me pareció importante: sucedía dos días antes de viajar por primera vez a la isla.

La teoría popular de «hay que ir a Cuba antes que muera Fidel» esconde una creencia que dentro de la isla no se ve tan clara: que al otro día del funeral de Castro llegarán enormes *containers* repletos de Coca-Cola y un batallón de albañiles para construir cientos de locales de McDonald's. Que esa misma tarde las principales cervezas americanas vendrán a auspiciar la liga de béisbol local, fotografiando a los mejores bateadores junto a rubias doradas traídas desde Miami, y que en cosa de horas se devolverán las fábricas y edificios y plantaciones de estadounidenses en manos del Estado cubano.

Parecía una mala broma, después de años de escuchar la caprichosa frase y, dos días antes del vuelo, el rumor de la muerte. Estaba llegando tarde. En ese momento entendí, como nunca, a esos balseros que reman todo un mar para ser detenidos a metros de la otra orilla.

Ya en vuelo a la isla, la situación no mejoraba. La mayoría de los pasajeros iba a Cuba en plan de vacaciones, con sombreros y anteojos para protegerse del sol, vestidos con pantalones cortos y floreados y mirando folletos de *resorts* en Varadero, Cayo Coco y Cayo Largo. La misma ruta que en los años ochenta hacían algunos jóvenes sudamericanos comprometidos «con la causa». El mismo camino de quienes salían de sus países con documentos falsos para entrenarse en las escuelas de guerrilla urbana de La Habana, y después regresar a casa a derrocar a la dictadura. Esa ruta hoy está ocupada por veraneantes que pagan su semana de vacaciones en veinticuatro cuotas y llevan un cargamento triple de preservativos.

—Dicen que murió hace una semana, pero yo no creo. De todos modos, nunca vamos a saber exactamente cuando muera. Como el papa, viste, que ahora dicen que se murió quince días antes de la fecha que se dijo —comentaban dos argentinos durante el vuelo.

Oficialmente, uno nunca visita Cuba. Para los turistas el trámite de aduana es sencillo, expedito, y con una particularidad: el viaje no queda registrado en tu pasaporte. No ponen un sello que oficialice que estuviste en el país de Fidel. «Es para que no les hagan problemas para ir a Estados Unidos», me dijo uno de los funcionarios de la aduana, en tono amable, cómplice. Había llegado a Cuba antes de que muriera Fidel, aunque luego vería que la Cuba fidelísima se terminó hace más de diez años.

* * *

Oficialmente, Cuba es un país comunista y tiene para mucho tiempo más.

Aunque con la llegada masiva del turismo, y las remesas de dinero enviadas por los familiares en el extranjero, en las calles de La Habana se siente un capitalismo salvaje: no tanto por lo feroz, sino por lo silvestre.

—Hay cosas muy buenas de la Revolución, pero el sistema debería cambiar. Ya no hay países comunistas en el mundo, y nosotros seguimos así, por porfía. En los últimos años hemos tenido un poco de apertura, pero tienen que venir cambios más grandes —dice Pablo, un cubano de veinticinco años que trabaja como vendedor en una tienda de la calle Obispo.

Pablo, que como muchos en esta historia prefiere no tener apellido, es un joven crítico del gobierno cubano y del sistema comunista. Cuando no anda con su ropa de trabajo, chaqueta y pantalón formal, Pablo usa jeans a la moda, peinado con gel y luce orgulloso una camiseta ajustada que trae escrita más de cien veces la palabra Versace. La ropa de Pablo aquí es toda una declaración de principios: mientras en otros países puede ser rebelde llevar un Che Guevara en el pecho, aquí lo es lucir orgulloso la marca de una multinacional de la moda.

Pablo lleva un reloj Nike que le regaló una pareja de ingleses, usa un celular que le pagan unos turistas españoles, y tiene el brazo tatuado gracias a la ayuda de unos visitantes argentinos.

—Aquí el presidente debió ser el Che Guevara. Ese si era un líder, un gran hombre. Las cosas no estarían como hoy —dice Pablo, mientras hablamos en uno de los bares de La Habana Vieja.

La mejor manera de conocer La Habana es caminando, con la gente sentada en la puerta de sus casas para espantar el calor, con las puertas y ventanas abiertas, con los grandes televisores encendidos en alguna telenovela o en los noticieros de la TV oficial, con el son cubano de fondo, con el orgullo de las proezas deportivas bajo el brazo, con el «fresco» del Malecón, con los viejos autos americanos cada vez más relegados por vehículos modernos, con los platos de «ropa vieja», con monedas de peso nacional y la universidad gratis y para todos, con las banderas del Che y el recuerdo de los cuarenta años de su muerte, con los turistas fumando habanos y luciendo boina con estrella dorada, con los vendedores ilegales de tabaco, con las jineteras recorriendo bares y hoteles, con la escasez, con calles donde nunca se ve un rico, con barrios populares donde nunca se ve un pobre-estropajo-humano, lo que no justifica esa mirada ridícula de que en Cuba la gente es pobre-con-alegría-y-dignidad, con nuevos edificios de vidrio y metal construidos para hoteles de cadenas internacionales, con mucho ritmo, con muchas copas de daiquiri y mojito, y ron puro, y ron puro con un habano, y ron puro con un habano y un son, y ron puro con un habano y un son y La Habana y Cuba.

La apertura del turismo trajo cambios. A partir de noviembre de 2004, y para frenar la libre circulación de los dólares (que con mucho turismo se convierten en moneda local), existen los pesos cubanos convertibles: CUC. Una moneda hecha para los turistas y para los cubanos que reciben remesas desde el extranjero, en su mayoría desde Miami. Todo dólar debe traspasarse a CUC, y recién ahí podrá gastarse. Aunque no está prohibido, desde el 2004 oficialmente ya no se usa el dólar en la isla.

—Pero igualmente todo lo medimos en dólares. Por ejemplo, un sueldo promedio de un cubano es de entre quince y veinte dólares al mes, lo mismo que uno gana en medio día de propinas de los extranjeros —dice Pablo, peinado con gel y con camiseta Versace, quien vive junto a una bisabuela de ciento siete años.

—Yo no creo que esto cambie mucho cuando se muera Fidel, está todo muy cerrado, muy amarrado, y la gente está acostumbrada. La gente mayor, los de la generación de la Revolución, esos van a seguir ahí por mucho tiempo.

—¿Viste alguna vez a Fidel en persona? —le pregunto.

—Sí, claro. El 91, para los Juegos Panamericanos de La Habana. Esos juegos los ganamos, y segundo salió Estados Unidos. Se hizo un estadio especialmente para los juegos, el Estadio Panamericano, y yo estaba como voluntario de los actos de inauguración. Era un niño. Todavía tengo las fotos con el uniforme. Recuerdo que estaba con banderas, esperando el comienzo, y aparece Fidel. Venía en un auto y pasó muy cerca, como a un metro. Nos saluda con la mano en alto y nosotros gritamos. Porque uno puede estar en contra de Fidel, opinar diferente, pero cuando lo ves en persona, cuando aparece ahí, con su traje verde, nos volvimos locos, agitábamos las banderas, guaaaaaa, gritabamos, ufff, era una cosa muy fuerte, era como ver a Dios, en serio, algo así. Puedes creer en él o no pero si lo ves, y con toda la gente gritando, se te pone la piel de gallina.

* * *

Oficialmente, cuando regrese a Buenos Aires no volveré al Hotel España, pero sigo viviendo en un hotel. Como el inmigrante, haber vivido en un hotel es algo que siempre vuelve, que siempre aparece. Como ser cubano en Estados Unidos. Nunca se deja de pertenecer a la isla, y aunque uno tenga la casa en el centro de una ciudad gigante y repleta de rascacielos, siempre termina viviendo en una isla.

Hoy habló Fidel. En la primera página de *Granma* viene una de sus «Reflexiones del Presidente Fidel Castro». Una carta cuyo comienzo puede llegar a considerarse intimidatorio: «Leo cuidadosamente todos los días las opiniones sobre Cuba de agencias tradicionales de prensa, incluidas las de los pueblos que formaron parte de la URSS, las de la República Popular China y otras. Me llegan noticias de órganos de prensa escrita en América Latina, España y el resto de Europa».

Las reflexiones vienen firmadas por Fidel Castro Ruz, y para darle veracidad al asunto, se agrega la hora en que fueron escritas. En el caso de esta, llamada «Los superrevolucionarios», la hora indicada es 8:36 p.m.

—Mi hija se fue hace dos años a Miami, y me cuenta que está bien, y que está esperando que se cumpla el tiempo para venir o mandarme los pasajes. Creo que ella ya no va a volver, por lo menos mientras esté Fidel —me dice Carmen, dueña de un paladar de Miramar, la zona de las embajadas y de las casas de los cubanos con mejores ingresos.

Los paladares son casas donde los cubanos pueden venderle comida a los turistas, aunque en la práctica son pequeños restaurantes privados dentro de una economía comunista. El de Carmen es coqueto, con adornos florales y mascotas de losa. Como en muchas casas aquí abundan las imágenes religiosas, los crucifijos y las vírgenes y los altares, aunque el régimen cubano se declaró oficialmente ateo en 1962.

—Yo espero que cuando se muera Fidel esto cambie. Pero que no sea como Rusia, donde cuatro o cinco se quedaron con todo y la gente sigue mal. Nosotros somos un pueblo educado, y vamos a estar atentos a que eso no suceda aquí. Pero la verdad no sabemos qué va a pasar —dice, mientras se seca las manos.

Carmen nació después de la Revolución. Su única nieta vive en Miami, y dice que no sabe qué pasará con los cubanos después de la muerte de Fidel. Aunque, para ser claros, tampoco sabemos qué pasará con los latinoamericanos tras la muerte de Castro: el primero de nosotros famoso a escala mundial, el político más odiado y seguido de nuestra última historia regional, la presencia eterna en los noticieros de nuestros países ya sea como ejemplo o contraejemplo, según fuera el tinte político del gobierno y de los periódicos. Lo puedes defender apasionadamente o atacar sin piedad, a veces las dos cosas al mismo tiempo, o durante algunos años una y otros la siguiente. Para los latinoamericanos, que crecimos escuchando su nombre, las diferentes opiniones sobre Castro a lo largo de los años fueron marcando nuestra vida. Muy lejos de él, muy cerca, más próximo, muy distante, totalmente opuesto, cada vez más cercano. Daba lo mismo la distancia, pero siempre con Fidel ahí. Mucho antes que Maradona. Mucho antes que El Chavo.

—¿Viste alguna vez a Fidel en persona? —le pregunto a Carmen.

—Una vez, yo estaba caminando por el Malecón y pasó él arriba de un auto. Iba leyendo, trabajando. Fue hace muchos años, y fue la única vez que lo vi en persona. Fue hace mucho —dice Carmen, y me sirve una langosta grillada que vende a quince dólares.

Oficialmente, en Cuba está prohibida la venta de langosta.

Hotel España

*Avenida Puente de Alvarado 100,
Colonia Tabacalera, D.F., México*

1

Por los datos que había podido conseguir, el Hotel España del D.F. era pobre, chico, ruidoso y céntrico, como la mayoría de los hoteles España. Lo primero que hice fue llamar por teléfono, y del otro lado me atendió una voz con acento mexicano, que se sorprendió cuando le pregunté si había habitaciones disponibles para esa noche. No tenía pensado ir pronto, estaba en Buenos Aires, pero me gustó la idea de mentir diciendo que estaba ahí, a pocas cuadras, en el propio D.F.

El tipo me dijo que no había habitaciones disponibles, que llamara al día siguiente. Le pregunté la tarifa, y me dio un precio en pesos mexicanos que convertido daba unos siete dólares la noche. El Hotel España del D.F. es el hotel España más barato de todos los de Latinoamérica.

México tenía varias particularidades para ser un destino definitivo de esta historia pero, seguramente, el principal de ellos era su carácter resumidero del territorio de los hoteles España: no hay país con más millonarios, con más pobres y con más desigualdad que México. No hay país latinoamericano más obsesionado con Estados Unidos y más influyente en la cultura popular del resto de América Latina que México. No hay más guerras entre narcotraficantes y contrabando que en México. Todo lo que ha hecho famoso a Latinoamérica en el resto del planeta, en México sobra.

Incluso, después me di cuenta, no hay país donde existan más hoteles España que en México.

Uno de ellos está en Cuernavaca. El Hotel España de Cuernavaca está en el centro de la ciudad, cerca de la catedral, y no suele aparecer en la prensa a no ser que suceda algo. Como en noviembre pasado, cuando fue noticia por un fuerte tiroteo en su puerta. Una balacera que despertó a todo el centro de la ciudad, y que se originó cuando a las 2:14 de un martes de noviembre un comando armado, integrado por seis sujetos, se disponía a ingresar al Hotel España cuando fue sorprendido por efectivos de la Policía Ministerial de Cuernavaca. La policía llegó de casualidad, al escuchar los disparos, y se produjo un enfrentamiento a tiros en la puerta del hotel. Según informó el agente Raúl Maldonado Oliver, jefe de la unidad anti-secuestros de la Policía Ministerial del estado, la policía logró detener al menos a uno de los delincuentes que intentaban ingresar al Hotel España por las armas.

Otro de ellos está en León, estado de Guanajuato. El Hotel España de León está en el centro de la ciudad. Sus pasajeros suelen ser hombres de negocios, y ahí habrían sido estafados tres comerciantes leoneses en marzo de 2007. Según denunciaron, un hombre africano hospedado en el Hotel España les habría quitado treinta mil dólares con el llamado «fraude nigeriano». José Luis Rodríguez Juárez, uno de los afectados, dijo que el hombre de origen africano llegó a un local de botas ubicado en la calle Nuevo Vallarta 103, en el barrio del Coecillo, y comenzó a hablarle a él y al propietario de la tienda, Saúl Sanitas López. Dice que el africano hablaba español perfectamente, que vestía ropas costosas y que decía llevar dos meses en México. También les dijo que estaba buscando a alguien con quien hacer un gran negocio. Y agregó otro detalle: que era descendiente de la monarquía marroquí e hijo de un ex presidente de Nigeria, y supuestamente estaba interesado en exportar productos de piel a Europa. José Luis Rodríguez se dedica a la comercialización de productos de piel, así que se mostró interesado. Esa tarde los tres se dirigieron al Hotel España, ubicado en la calle Españita del barrio del Coecillo y ahí, en su habitación del Hotel España, el africano les mostró varios fajos de papel negro, como billetes quemados, y les explicó que eran dólares que su padre había rociado con un líquido especial para que nadie notara que era moneda americana y así evitar que lo asaltaran. Para comprobar que eran dólares, el africano tomó uno de los papeles y lo roció con un líquido en *spray*, luego lo acercó a un foco y poco a poco fue perdiendo su tonalidad oscura hasta quedar un billete de veinte dólares. Una semana después, el africano les dijo que supuestamente en México le habían robado quince mil euros y que ya se le había acabado el líquido para desmanchar los dólares, por lo que le pidió dinero prestado para comenzar los trámites para vender pieles en Europa. Durante varios meses les pidió dinero, para los permisos, y un día dijo que dejaba el hotel porque viajaría a Francia para ver a su familia, y para garantizar que volvería les dejó dos fajos de dólares entintados para que se los guardaran. Supuestamente les estaba dejando trescientos cincuenta mil dólares y pronto regresaría por ellos, pero nunca se volvió a aparecer por el Hotel España de León.

Otro de los hoteles está en Tijuana, Baja California, cerca del muro que pone fin a Latinoamérica y da inicio a Estados Unidos. Como la mayoría, el Hotel España de Tijuana está en el centro de la ciudad, en la avenida Revolución, entre las calles 3ª y 4ª. Fue noticia local en septiembre pasado cuando en la habitación 204 del hotel apareció muerto Jeffrey Alan Tunner, de nacionalidad estadounidense y de treinta y ocho años. La muerte de un gringo solitario en un hotel de Tijuana, en una zona cubierta por las guerras de los narcos y acostumbrada a las ejecuciones masivas y masacres y decapitaciones y cerros de muertos mexicanos, era una verdadera noticia.

El informe dice que la mucama Rocío Sánchez, de cuarenta y siete años, fue al cuarto 204 a decirle al pasajero que ya eran las 13:00 y tenía que pagar un día nuevo, pero nadie le respondió de adentro. Después de quince minutos volvió a golpear la puerta, pero seguía sin recibir noticias. Entonces llamó a la Cruz Roja y la policía, quienes constataron una muerte sin violencia. Las sospechas que se anotaron fueron sobredosis o suicidio, dos de las muertes más típicas en los hoteles: el poeta Dylan Thomas se murió por una sobredosis de whisky en el Chelsea de Nueva York, y Cesare Pavese se suicidó con una sobredosis de pastillas en el Roma de Turín.

2

La noticia de la primera conquista del Everest, en 1953, la despachó al mundo la primera cronista de viajes, Jan Morris. Había llegado a Nepal como parte de una expedición británica de montañistas que, por vez primera, ponía una bandera en el monte más alto del planeta. El hecho, que podría ser un hito en la carrera de cualquier viajero, es casi desconocido en la vida de la famosa escritora nacida en Inglaterra en 1929. Seguramente, porque en ese viaje histórico Jan Morris todavía se llamaba James Humphrey Morris, formaba parte del Ejército inglés, estaba casado, y aún faltaban más de veinte años para su cambio de sexo en Marruecos. «He pensado que mi vocación viajera tiene que ver con un afán de búsqueda, con mi aspiración a la totalidad de mí misma», dijo en su casa de Gales, con argumentos propios de quien ha convertido su propia vida en el mayor viaje.

La vida como un gran viaje no es una idea novedosa, pero es atractiva. A no ser, claro, que se trate siempre de un viaje circular. De alguna manera, eso pasa cuando uno no puede irse de un hotel y siempre está regresando:

—Hola, otra vez por acá. ¿Cuánto se queda? —es la frase con que algunas de las tres mucamas del Hotel España me recibe cada vez que regreso, y eso siempre sucede.

Desde fines de 2002 a fines de 2005 pasé gran parte de mi vida en Buenos Aires en el Hotel España. Con idas y vueltas, con intentos de fugas mejor o peor logradas, con reconciliaciones más o menos largas, pero siempre estaba de regreso. Sin embargo, en esa fecha, la situación se estaba tornando más insostenible que nunca. Mi separación ya parecía definitiva, pero a cambio de eso ahora me ataba al país una vaca, La Negra, una ternera que llevaba un tiempo largo creciendo en un campo de Magdalena, cerca de la plata, y de la que estaba escribiendo un libro que abordaría su vida desde recién nacida hasta llegar a la parrilla. Ese libro también tenía la filosofía de la vida como viaje. En el caso de La Negra, el viaje del primer corral al último plato.

A medida que el proyecto de la vaca crecía, se tornaba más pesada el ancla con el país. Al menos, aunque estuviera separado para siempre, un año más me quedaría en la Argentina. Fue el comienzo del intento más serio por dejar la vida de hotel.

Los temas administrativos hacían más compleja la búsqueda de departamento. No tenía «una garantía de alquiler», como se le llama al comprobante de propiedad que te pasa un conocido, como aval de que pagarás el arriendo. Como es difícil de conseguir, hay todo un mercado negro de garantías falsas en cuyas operaciones los inmigrantes siempre terminamos perdiendo tiempo y mucho dinero. Pedirle a algún conocido que te diera su garantía suponía un grado de compromiso que, por tantos años de vida hotelera, no había sido capaz de desarrollar. Técnicamente, era una tarea difícil, pero por primera vez estaba dispuesto a enfrentarla con ganas. Mandé varios correos, hice correr la voz y avisé a todos los conocidos si sabían de algún departamento. Estaba decidido a ponerle fin a mi estadía en los España.

* * *

Podemos intentar escribir el mejor libro de viajes. Contar nuestras experiencias, relatar aventuras, mostrar nuevos paisajes y relatar tierras nuevas. O podemos querer contar todo un continente, la tierra de los España, a doscientos años de su independencia. Sin embargo, sigo creyendo que el más noble de los libros de viajes es el pasaporte.

Aunque la Real Academia Española lo defina burocráticamente como la licencia o despacho por escrito que se da para poder pasar libre y seguramente de un pueblo o país a otro, el pasaporte sigue siendo, de lejos, el más sencillo y efectivo diario de viaje. Un libro de tapas gruesas que lleva tu foto y tu nombre, dándole a la publicación la importancia que te mereces. Una bitácora íntima e intransferible que va resumiendo, certeramente, el rumbo que ha corrido tu vida en los últimos años.

La paranoia de los escritores frente a la hoja en blanco, los viajeros la viven con el pasaporte vacío. Pocos, salvo a los que les gusta andar de un lado a otro, pueden entender el encanto que produce el timbre aduanero de un país exótico. Intercambiar pasaporte con alguien, mientras se espera la conexión retrasada, pesa más que compartir toneladas de novelas de aeropuerto.

Aplicando la moral de Augusto Monterroso, defensor de la literatura breve y autor del cuento más corto de la historia, el pasaporte es el libro de viajes perfecto: apenas el nombre de un país, timbrado en tinta lila, te lanza a recorrer largos arrozales asiáticos; una visa en un alfabeto indescifrable es suficiente para que, al tocarla, casi huelas otra cultura; una simple fecha en rojo sirve, y basta, para recordar interminables caminatas por un viejo continente. Literatura directa. Concisa. Al grano, como para ridiculizar a los novelistas debutantes.

Ir llenando el pasaporte es ir escribiendo tu propio *Moby Dick*. Una novela donde la aventura viajera va atravesando todo el relato. Y en la que, por cierto, cada uno se encariña con distintos capítulos. En mi caso, suelo preferir dos. Uno por lo extraño, como cuando salí de Chile en barco y en el pasaporte quedó registrado un timbre con la palabra Valparaíso. Y otro, por lo ausente, cuando estuve en la Triple Frontera: quedó el timbre de salida de Argentina y, dos días más tarde, el de ingreso a Paraguay. Pasé dos días en Brasil sin ningún tipo de registro, lo que algún crítico podría traducir en un salto de tiempo que puede llegar a ser interesante.

Pero, claro, en el mundo de los pasaportes, como en el de los libros, la apariencia de las portadas influye mucho. Más de lo que un autor quisiera. Una tapa que diga United States y adentro lleve tu foto puede abrirte las puertas de nuestro mundo, pero llenarte de sospechas si visitas al enemigo. He visto ecuatorianos y peruanos teniendo que desnudarse en España por la tapa de sus pasaportes, y no quiero ni pensar lo que debe ser llenar un libro de viajes personal cuya cubierta tiene escrita las palabras Irak o Palestina. Aunque ahora el pasaporte chileno esté en alza, nadie parece recordar que por años fue un lastre que pesaba más que un piano, y que te negaran la visa era tan común como un estornudo.

La importancia de las portadas lleva a casos increíbles. Conozco santiaguinos de toda la vida, que crecieron yendo a las reuniones dobles en el Estadio Nacional, que se pasean por Sudamérica con pasaporte italiano. Una amiga recorre el mundo con documento austriaco, aunque nunca estuvo allí. Y he visto latinoamericanos malgastar cinco años de su vida en España solo para conseguir una cubierta europea para su libro. ¿Vale la pena tanto sacrificio?

Seguramente, vale la pena. Eso lo sabe cada uno. Tal como cada uno sabe lo que significan los diferentes timbres que van llenando el pasaporte. Hace poco, hablando con un viejo periodista deportivo argentino, me dijo que en todos sus años de carrera nunca escribió un libro: solo llenó pasaportes.

Y me lo dijo sereno, con la tranquilidad de un autor que se sabe respaldado por una gran obra.

3. Vivir en México

Cada año, en el mes de febrero, hay una pequeña ciudad del sur de Chile que se convierte en un pueblo de México. Durante esos días, solo se escuchan rancheras y serenata. Por la calle andan tipos vestidos de charros cargando guitarrones y mujeres de vestidos largos y coloridos. El lugar se llama Chanco, y la razón del cambio es el Festival del Cantar Mexicano Guadalupe del Carmen. Una fiesta de tres días donde los chanquinos parecen dar rienda suelta a un sueño muy peculiar: ser mexicanos por unos días.

—Acá vienen artistas mexicanos de todo Chile —dice Osvaldo Waddington, uno de los organizadores del certamen, desde atrás de unos antejos con todo el aumento posible. Y agrega:

—Es cierto, la gente de la embajada de México no se aparece por acá y este año no hay ningún artista nacido en ese país. Además, no tenemos las comodidades de un gran evento, pero igual no nos falta nada porque llevamos a México en el corazón.

Waddington se encarga de acomodar a los artistas en uno de los colegios—internado de este pueblo sin hoteles. De hecho, el Internado N 328 se ha transformado en el alojamiento oficial de este certamen. El taconeo de las botas negras retumba en todos los pasillos y dormitorios. Una y mil veces se repiten a la vista ponchos recargados de colores, sombreros de charro, botones dorados, lentejuelas y corbatines. El lugar del alojamiento no es cómodo, pero pocos están dispuestos a reconocerlo. Un cartel donde decía «Aula 8» ha sido modificado previamente por los alumnos del internado, y dice: «Jaula 8».

En medio del revuelo, Eliana Maureira, alias la Gran Chaparrita, descansa su sobrepeso en un banco. Comenzó a cantar mexicano a los cuatro años, y ya tiene sesenta y dos. Y dice que nunca va a parar:

—No me invitaron al festival, pero igual vine por las mías. Agarré al Charro Guadalajara, nos subimos a un bus en Quilpué, después nos tomamos otro en Santiago, llegamos a Cauquenes y de allí a Chanco. Ojalá nos dejen actuar —y le lanza un beso a un hombre de pantalones ajustados y bigote finísimo, mucho más joven que ella, que sin duda debe ser el mentado Charro.

El beso de la Gran Chaparrita hace que el tipo se acerque:

—¿Sabes quién es ella? Estás ante la mejor cantante de rancheras del país. Ella ha salido en la tele y ha cantado fuera de Chile. Yo soy solo el Charro Guadalajara. En realidad me llamo Manuel Corro, pero el otro es mi nombre artístico, con el que actúo en Valparaíso —dice él, con una cara que recuerda a Johnny Depp interpretando a Ed Wood.

Pese a la notoria diferencia de edad, la Chaparrita y el Charro son pareja hace cuatro años. Juntos hacen pequeñas giras por restaurantes de Valparaíso. Él cree mucho en la carrera de ella y ella lo aconseja para que él no desperdicie su «enorme talento». Son una dupla de armas tomar. Están dispuestos a todo para subir al escenario del Festival de Chanco. Sienten que es su gran oportunidad de sentirse en México.

En realidad, no solo ellos piensan lo mismo. Buena parte de la industria charra criolla viene hasta acá con el mismo objetivo: potenciar sus carreras como cantantes mexicanos. Por eso han viajado toda la noche, para aparecerse en este introvertido pueblo a setenta kilómetros al sur de Constitución, el balneario más famoso de la zona y donde de niño veraneaba el escritor José Donoso.

El festival se realiza desde 1988, y es un homenaje a Guadalupe del Carmen, la chanquina más famosa de la historia.

—Guadalupe fue la cantante de rancheras más exitosa que ha tenido Chile. Algunos dicen que Augusto Pinochet es el chanquino más famoso, pero en realidad él no nació acá. Toda su familia y antepasados son de Chanco, pero él nació en Valparaíso. Por eso, Guadalupe es lejos la más renombrada —dice Olga, una lugareña de sesenta y un años que tiene una hospedería y cuyo orgullo máximo es haber visto a Guadalupe en tres ocasiones. Dos veces cantando en Chanco, y una en Cauquenes.

* * *

Estar en Chanco la semana que se transforma en México era una clara señal de que el México real estaba cerca. Sabía que sin ir al D.F., nunca iba a terminar el proyecto de los hoteles España. Venir a Chanco podía ser visto como un ensayo general de aquel viaje que nunca llega. Sin embargo, recorriendo las calles del pueblo y viendo a los artistas venidos de todo el país y durmiendo en un internado dentro de un pueblo sin hoteles, la principal sensación terminaba siendo otra. Había propuesto escribir sobre el Festival del Cantar Mexicano Guadalupe del Carmen, porque me parecía una historia interesante y divertida. Pero ya se sabe que uno propone los temas que le son propios. Recién en Chanco descubría el porqué quería estar aquí: la mayoría tenemos a México en la cabeza, sin haberlo conocido. De pronto me siento participando de una alegre, colorida y escondida fiesta, en un perdido pueblo del sur de Chile. Una gran convención de personas que han decidido, sin importar donde estén, vivir en México.

—¡¡Buenas noches, Chanco!! —grita en la sesión inaugural Julio Videla, una vieja gloria de la televisión chilena, hace varios años alejada de los focos y los camarines de los canales.

Julito, como le gritan las mujeres que repletan el estadio, se ve entusiasmado. Se nota que es de esa especie humana que se alimenta del aplauso, de los micrófonos, aun cuando se trate de un festival perdido en mitad de la séptima región. Algunos pocos le gritan insultos, le dicen que ya no tiene trabajo en la tele, y hasta se oye un estruendoso «¡fracasado!», pero gana el aplauso de los cuatro mil espectadores. Videla puede haber perdido las cámaras y los buenos contratos, pero nunca las mañas. Recita un poema al público, «especialmente dedicado a las hermosas mujeres de

Chanco», y uno parece ver el gesto en que agarra con su mano al público y se lo guarda en el bolsillo.

—Veo que están con ánimo —dice Julito, después de la ovación por su recitado, y en seguida agradece a las autoridades, solicita un aplauso para el alcalde y otro para los concejales. Así comienza la fiesta. Que suenen las trompetas. Y los guitarrones.

Los concursantes del festival vienen de todo Chile: Antofagasta, Santiago, Temuco, La Serena, Osorno, Cauquenes, Rancagua y, por supuesto, Chanco. Alex Herrera es el crédito local. Tiene treinta y seis años, cuatro hijos y un trabajo de guardabosques en la empresa forestal Celco. Alex vive todo el año en el centro de un bosque, a veinte kilómetros del pueblo. Su canción, que escribió especialmente para el festival, está dedicada a Guadalupe. El día en que le toca actuar, llega a los ensayos vestido de charro, montando la moto Honda de su trabajo. Parece una escena sacada de la película *El mariachi*, pero Alex no es el actor Carlos Gallardo. Alex es más bajo, tiene los ojos claros, el pelo duro y una timidez capaz de generar sus propios aplausos. Es la primera vez que anda de charro motorizado y, cuando pasa por el centro de la ciudad, la gente sale a mirarlo, le tocan la bocina, algún borracho le grita «ridículo» y varios lo aplauden.

—Se ríen, pero no me importa. Es una aventura que va a durar tres días y después tendré que volver al bosque —dice con la serenidad de un pistolero mexicano al que no le entran balas.

En el otro extremo del estadio está el Charro Guadalajara, el novio de la Gran Chaparrita, que intenta que los metan al *show*. Una y otra vez le toca el hombro a Osvaldo Waddington, el organizador, para que los dejen subir al escenario. Al final consigue unos minutos para ambos, pero en diferentes días.

Guadalajara sube al escenario durante la primera jornada. Canta *El rey* y la concurrencia se remece cuando los asistentes repiten el coro. «El público está superrico», dice el Charro al bajar del escenario. La Gran Chaparrita sonríe con orgullo. Chanco tiene festival.

—Es bonito que todo esto sea en honor de mi comadre —dice la Chaparrita, que de chaparrita no tiene nada. Debe andar por el metro cincuenta y los cien kilos.

Pese al éxito y las superventas de Guadalupe del Carmen, su vida artística era tan marginal como la de la Gran Chaparrita. Pocas veces estuvo en la televisión, casi no recibió reconocimientos en vida y sus actuaciones solían ocurrir en modestos circos en las afueras de las ciudades. La Chaparrita la recuerda:
—Éramos muy amigas. Una vez, yo estaba en el Circo Timoteo y me llamaron del Circo Venezuela. Entonces le pedí a ella que me reemplazara. Lamentablemente, ahí murió. Pero murió actuando, igual como a mí me gustaría. Algunos dicen que ella se fue en la decadencia, en lo peor, pero es mentira. Mi comadre tenía dos taxis y una casa rodante. La gente le inventó cosas de pura envidia. A ella se le murió un hijo de quince años y a mí se me murieron tres hijos para el terremoto del 75, en Valparaíso. En ese sufrimiento también fuimos parecidas.

Durante la segunda noche, se repiten los problemas de la primera: los artistas se pasean sobre el escenario esquivando los acoples de sonido, los cables esparcidos sobre el piso y las caprichosas velocidades que le imprimen a las canciones los componentes de la orquesta Los Cariñositos. Cuesta hacer una buena *performance* en el escenario de Chanco.

—Este año hay elecciones municipales, por eso el alcalde trajo a Julio Videla para animar. Se la está jugando para la reelección. Eso pasa: con estos festivales se olvidan los problemas y toda la gente queda como tonta —dice Pedro Ruiz, un chanquino de cuarenta y cinco años que, pese a sus reservas, es uno más al aplaudir el *show*.

En esta segunda noche La Gran Chaparrita logra subir al escenario. Ahí, entre dos canciones, desafía con un vozarrón que sale firme de su cuerpo ya cansado: «Ahora voy a cantar *El macho* y necesito que salga un macho para bailar. ¡Venga, señor alcalde, al escenario!». El edil, un gordito de gomina y bigotes gruesos, se niega. El monstruo de Chanco despierta. Las radios que transmiten se alertan con la polémica. «Que baile, que baile», gritan los cuatro mil asistentes, sin ganas de aflojar. La máxima autoridad del pueblo no se levanta. La Gran Chaparrita, que ha llegado hasta el escenario a fuerza de insistencia y empujones, no se aguanta: «Por algo no quiere venir a bailar. ¡Tal vez el alcalde no sea tan macho!». El aplauso satura la mesa de sonido. Los organizadores palidecen. Si hay reelección, es poco probable que la Chaparrita pise nuevamente este escenario. A un costado de ella, en la oscuridad, el Charro de Guadalajara aplaude orgulloso, admirado, flaquito.

* * *

—Aquí comienza *Mi Chanco querido,* su programa favorito de radio Buena Nueva —le dice Margarita Venegas al micrófono, con una exagerada modulación. Y, de inmediato, anuncia la primera canción de su espacio: *Cartas marcadas,* de Guadalupe del Carmen. Los tres minutos del tema le dan tiempo para hablar de su pasión por las rancheras:

—La gente adora a todos los que cantan música mexicana, no solo a Guadalupe del Carmen. Yo creo que es por las letras, que son sufridas, dolorosas, tristes, desgarradoras, igual que la vida de los chanquinos —dice fuera de micrófono, pero con el mismo sonsonete radial.

Las radios populares son el principal aliado de las rancheras. Por ellas esta música se difunde y también por ellas se venden miles de copias de artistas sin difusión televisiva. Iván Gutiérrez se pasea por el centro de Chanco con botas, chaqueta de cuero negra, sombrero vaquero y unos audífonos gigantes. Tiene cuarenta años y en esta ocasión, aparte de «locutear» para radio Colina, participará junto a su hija en la competencia.

—Este festival tiene buena cobertura radial, y los mejores premios del género. Son mil quinientos dólares al ganador, ocho cientos al segundo y cuatrocientos al artista más popular. Y cabe la posibilidad de que el ganador pueda grabar. Por eso quiero ganar, dice mientras echa una moneda en un teléfono público.

—Estamos aquí, transmitiendo en directo a todo Quilicura una nueva versión del Festival del Cantar Mexicano. En estos momentos está sobre el escenario el conjunto mariachi Calicanto, y el público está muy contento. Escuchen —dice Ernesto Herrera y enseguida acerca su grabadora a uno de los parlantes. Ernesto no está transmitiendo en directo, pero pretende lanzar la cinta de una sola vez cuando vuelva a su radio, en una comuna popular de Santiago.

Herrera es flaco, tiene diecinueve años, está peinado a lo príncipe valiente, lleva la uña del meñique más larga que el resto y se declara fanático de las rancheras. Sin sacar su grabador de los parlantes, dice:

—Esto es para un programa de música ranchera en la radio de Quilicura. Es increíble cómo a la gente le gusta esto, pero no hemos podido tener auspiciadores. No sé qué pasa.

Aunque cambien los artistas, los alaridos y los gritos no dejan el escenario. Sentado en primera fila, Luis Campos, hijo de Guadalupe del Carmen, alza una mano llena de anillos para saludar a la multitud. Aquí la familia de Guadalupe es la familia real, y Luis, el primogénito, es seguido y admirado como un príncipe. Un príncipe que vive de su propia botillería. El local, que queda en la comuna santiaguina de San Miguel, se llama Guadalupe del Carmen y tiene los mejores precios en licores, vinos y cervezas, dice Luis en una entrevista.

La clausura del festival es el domingo, día que se inicia con una misa a la que van todos los artistas del evento. La iglesia de San Ambrosio (santuario de la Virgen de la Candelaria, patrona de la ciudad) se ubica a tres cuadras de la plaza de Armas. Construida hace más de cien años, está pintada con un celeste que contrasta con el ropaje de los artistas.

—A la Virgen de Guadalupe y a Guadalupe del Carmen, quien cantó por tantos lugares —se escucha en parte del sermón, atentamente seguido por artistas con bigotes de charro y pistolones de verdad al cinto. Algunas mujeres llevan cinturones con balas cruzados al pecho, como la combativa líder de la Revolución mexicana Juana Gallo. Otras llevan flores en la mano. Todas llevan grueso maquillaje.

—Que el arte de ustedes sea un verdadero apostolado para el pueblo —dice el sacerdote, antes de dar paso a la comunión, que tiene a *Las mañanitas* como música de fondo.

En la plaza, Iván Gutiérrez, de la radio de Colina, se fuma un cigarrillo y se acomoda el sombrero. El hijo de Guadalupe se pasea saludando a la gente y dice que ahora sí, que este año traerá los restos de Guadalupe del Carmen, enterrados en Santiago. La radio local no ha parado de transmitir. Hay fotógrafos de Santiago. Todos están ahí. O casi. La Gran Chaparrita y el Charro Guadalajara han dejado Chanco sin ruido, de la mano, quizá pensando en su próxima actuación. Puede ser en el Festival de la Cebolla, en Viña. A la Gran Chaparrita le cuesta caminar, pero Guadalajara la espera, le toma el brazo, como si ellos fueran los únicos pilares donde sujetarse para seguir en esta carrera.

* * *

Guadalupe del Carmen en realidad se llamaba Esmeralda González Letelier. Nació en Chanco en 1931 y su nombre artístico lo tomó de las patronas de México y Chile (Virgen de Guadalupe y Virgen del Carmen). De niña su familia escuchó canciones mexicanas y a temprana edad acompañaba a su padre a ver películas de Jorge Negrete.

En 1952 obtuvo el primer disco de oro que haya obtenido un artista chileno, con la canción *Ofrendas*. De esa época son sus giras a estadio repleto, su matrimonio con Marcial (el menor del dúo folclórico Los Hermanos Campos), y el posterior nacimiento de sus tres hijos hombres. Su éxito ha marcado una verdadera leyenda en el cantar popular. En esos años de gloria, en un accidente, murió uno de sus hijos. Conocida como «Golondrina de la Vida», Guadalupe no solo tiene un festival en su honor. En el número 22 de la calle Freire de la ciudad de Chanco hay un museo que la recuerda: es modesto, tiene piso de tierra, pero hay fotos de sus apariciones en televisión, están sus vestidos, cuadros, trofeos y discos de oro.

En 1985, cuando su carrera ya era crepuscular y el D.F. se venía abajo por un terremoto, falleció de un ataque al corazón en el camarín del Circo Timoteo, una carpa que recorría los barrios periféricos de Santiago y donde la mayoría de los números eran interpretados por travestis.

Guadalupe jamás visitó México.

4

Hay un punto en que la relación del viajero y el hotel recuerda una cita a ciegas. Es el momento en que uno va a conocer, por primera vez, la habitación. El ascensor sube, algo nos hablan, pero tenemos tanta expectativa por la que será nuestra casa que no ponemos mayor atención y respondemos automáticamente. La persona que nos lleva a la pieza sabe de nuestra ansiedad y juega con las ilusiones. Con el nerviosismo de una primera cita, caminamos por el pasillo deseando una grata sorpresa. Con la parsimonia de un avezado *cafishio* el botones abre la puerta, estira su mano, y nos dice con entusiasmo: «Aquí está su habitación». Por primera vez nos enfrentamos al cuarto y a partir de ese momento, de aquel encuentro inicial, nunca volveremos a tener la misma ansiedad. Podemos quedar conformes, desilusionados, o entusiastas, pero nunca más recorreremos aquel pasillo con el nerviosismo previo a la cita a ciegas.

Si nos gusta, lo más seguro es que volvamos. Igual como sucede con los países. Así, por ejemplo, me ha sucedido con Brasil. He venido muchas veces, al norte, al sur y al centro. En los primeros y en los últimos meses del año. Como casi todo el que viajó hasta aquí, siempre he prometido volver, y en cada vuelta a casa regresaba masticando esa sensación de estar saliendo de un país que despierta las mayores simpatías. El lugar de las playas para todos los gustos, con mujeres de cuerpos perfectos hasta en su imperfección, y donde la comida y la música y la gente salpica de buena onda hasta un paseo por regiones más pobres que el pan duro. ¿Quién podría odiar Brasil? ¿Existe alguien que hable mal de este país? Todos tenemos una relación extraña con Brasil, en la que no terminamos de acoplarlo a nuestro entramado. Posiblemente, porque no se independizó de España. O porque, si bien forma parte de Iberoamérica y de Latinoamérica, aquí hablan otro idioma. Aunque en realidad, en América Latina existen unas cuatrocientas veinte lenguas.

Brasil siempre vivió una historia aparte, aunque su independencia fue paralela a la de muchos otros países de América Latina. Comenzó en 1822, al mismo tiempo que Ecuador, y logró la independencia definitiva de Portugal en 1825, en la misma época que Bolivia.

Pero de todas maneras, Brasil nos parece distinto. Estoy en la habitación 40 del Hotel Dos Santos, en pleno Pelourinho. La ventana da justo frente a la casa de Jorge Amado, el escritor de *Doña Flor y sus dos maridos* y *Gabriela*. El autor más famoso de Brasil hasta que un día apareció el señor Paulo Coelho y sus guerreros místicos y esos peregrinos pobres que lo han convertido en un pacifista millonario al que no se le entiende nada.

El Pelourinho, en la parte alta de Salvador de Bahía, tiene varias gracias: es un barrio colonial, de casas eternamente repintadas de amarillo, celeste, rojo. Las calles tienen adoquines chuecos y son en pendientes que suben y bajan. Alguna vez aquí Michael Jackson grabó un videoclip con los mismos que, los martes en la noche, hacen una danza de tambores en el centro. Cada tanto, bahianas de grandes vestidos blancos pasan ofreciendo mercadería y hay secretas ceremonias de la danza del candomblé: porque Bahía, que fue la primera capital de Brasil, es la zona de más costumbres africanas del país. Jorge Amado fue certero al describirla: «esto es la Roma negra».

* * *

El Peló, como se le dice al Pelourinho, también tiene hotelitos baratos, porque es la zona preferida para reunir a mochileros de todo el mundo. Hay mesas en la calle, donde te puedes comer unos boliños de peixe o una moqueca de camarón: plato típico de Bahía. Hace un calor casi infernal, así que la cerveza te la venden protegida para que se mantenga helada, y las caipiriñas tienen hermanas como la caipiroshka y la caipiriñísima. Pelourinho tiene toda la vida de una ciudad de puerto, de una ciudad grande y de una ciudad de Brasil. Los niños que piden plata te pueden seguir toda una cuadra, los jóvenes que vienen de aspirar cocaína sin refinar insisten en ponerte una cinta de Nuestro Señor de Bonfim (esa cinta de colores para los buenos deseos, que se amarra a la muñeca todo el que pasó por esta parte de Brasil), y hay muchos policías con botas y metralletas para mantener la seguridad en la zona donde la historia dice que aquí se mataba a los negros esclavos.

A ciertos turistas como Niki, una alemana que conocí ayer y que se hospeda en el hostal del Pelourinho, no le incomoda la mujer embarazada que se arrastra pidiendo dinero mientras uno come, o los niños que pasan corriendo como si acabaran de robar algo. Le causan gracia, la hacen sentirse viviendo Latinoamérica, me dice, porque para ella América Latina es tan así, tan salvaje, tan violenta.

Debe ser por eso que dice la alemana que mucha gente de la que se queda en el Pelourinho son europeos jóvenes en plan de viaje salvaje por la Latinoamérica del Che, en versión American Express. El Hotel Dos Santos es barato y para llegar a la habitación tengo que abrir tres rejas y poner dos candados. Anoche, a las cuatro de la mañana, una pelea frente a la casa de Jorge Amado despertó a medio hotel: Niki, la alemana, estaba en medio del alboroto. Un tipo que la intentó besar a la fuerza casi terminó acuchillado por uno que le robó veinte dólares.

Esta mañana volví a ver a Niki en el desayuno. Entre termos de café, zucos de maracuyá helado y frutas brasileras, me dijo que le costó dormirse después de la pelea. Me lo dijo contenta, casi riendo. Como si estuviera orgullosa de que su plan de seguridad, el salir con solo veinte dólares, le permitiera seguir viajando con las tarjetas de crédito, iPod, cámara digital y pasaporte alemán. Cuando le pregunté dónde los había guardado, se quedó en silencio unos segundos, y luego me dijo que era su secreto. Que eso no se lo podía decir a nadie. Y volvió a decirme lo interesante y salvaje que le parecía Latinoamérica. Al rato, para pasar el susto, se fue a la parte cara de la ciudad a comprarse ropa. En la noche estaba de vuelta en Peló, lista para ir a una ceremonia de candomblé especialmente para turistas. Volvía al barrio como alguien que vuelve a su pieza en el hotel. Una habitación que la había sorprendido en la primera cita pero que ahora, pasara lo que pasara, ya le era habitual.

5. Vivir en riesgo

En toda América Latina mueren más de mil personas al día por hechos de violencia. Y si bien cada ciudad del continente está totalmente dividida, con guetos amurallados propios de la región más desigual del planeta, todos de alguna manera conocemos y dominamos los códigos para saber vivir en riesgo.
Para lo que no siempre estamos preparados, menos los que somos bichos de ciudad, es para la violencia de la naturaleza. Sin embargo, si te ataca la naturaleza, la reacción es la misma. En pocos minutos ya estaba rodeado de caras de espanto, de asco, de gritos invocando a Dios y de gente que llamaba a otros para que vieran lo que salía de mi cabeza. Como si fuera un *alien*, todos querían mirar al mejor estilo de los circos *freaks* o de los empujones en el barrio para ver la cara del último muerto. De cierto modo lo era, estaba viviendo mi propia muerte y mientras todos corrían para disfrutar el extraño espectáculo, yo sólo pensaba en una cosa: en el incendio forestal que tenía dentro de la cabeza.

* * *

Cuando partió el motor de la lancha comenzó esta historia. Nos habíamos reconciliado, había dejado el Hotel España, y ahora estábamos de vacaciones. Salimos desde la Terceira Praia de Morro do São Paulo, en el estado brasilero de Bahía, a la solitaria isla de Boipeba. El sol brasilero pegaba fuerte, pero se resbalaba en los cuerpos siempre aceitados de los turistas. La pequeña lancha saltaba por altamar y las chicas en bikini que iban en la pequeña lancha también daban saltitos. El viento fuerte, el mar todo nuestro, los cuerpos bronceados, la isla paradisíaca como destino, las vacaciones ideales, la fantasía real, todo eso que ha convertido a Brasil en el principal destino turístico de Latinoamérica y uno de los cinco mejores destinos de playa del mundo, en vivo y en directo.

Las costas de Boipeba son larguísimas y no hay muchas posadas donde quedarse, y no es un destino masivo, ni de moda: los que llegan es por un buen dato, y llegan de todo el mundo. Antes de que se llene de hoteles y restaurantes y parte de los cinco millones de turistas que llegan anualmente a Brasil y con todos ellos el progreso, y entonces la tala de bosques y las mafias de la pasta base y la prostitución infantil, en Boipeba uno se puede bañar en aguas verdes y tibias, comer langostas a dos dólares o moqueca de camarón por tres o pescados sin espinas por uno. Mis días en el paraíso eran caminar por playas interminables, recorrer parajes selváticos, escuchar saltar a los monos, mirar las aves volar, espantar alguna mosca despistada que te zumbaba cerca de la oreja y nadar, mucho y a toda hora: ojalá en las más insólitas.

Pero la tranquilidad de estar en un punto aislado de los más de siete mil kilómetros de playa brasilera comenzó a esfumarse rápidamente. Como si algún dios del más allá me hubiera descubierto infiltrado en el paraíso, sabiendo que mi destino ya es solo uno y es el infierno. Una noche, frente al mar, sentí que el oído derecho se me tapaba. Como con una gota de agua. Pero la gota no se iba. Seguía ahí. Es más, comenzaba a crecer. Y no paraba de crecer. Nunca paró, ni siquiera al final de esta historia del riesgo.

* * *

La primera noche con la oreja tapada fue una noche de mierda. Hice todos los experimentos posibles para sacarme esa puta gota de agua que cada vez me molestaba más feo. Más horrible. Más desesperante. Tanto, que casi me parto la cabeza contra la pared. Tanto, que casi pongo el cráneo en el marco de la puerta antes de dar un portazo. Y no exagero. Pero no hice nada, solo sentir cómo crecía esa gota, que ahora se oía igual que el incendio de unas ramas.

Comenzó a salir el sol, y aunque para todos era un nuevo día, un buen día, la mañana siguiente para mí todavía era una negra noche. Estaba casi inconsciente del dolor. La sensación de que tenía unas ramas quemándose en mi cabeza, ahora ya eran todo un bosque. De esos incendios con mucho viento. Entonces partimos, en mitad de las vacaciones, al puesto de salud publica de esta isla paradisíaca del estado de Bahía, en Brasil. Moribundo, así me sentía en una palabra. Lo bueno de los destinos paradisíacos latinoamericanos es que uno camina pocos metros, unos doscientos en este caso, y vuelve a la realidad. Aunque los turistas dejan unos cuatro mil millones de dólares según la Cámara de Comercio, saliendo del circuito comercial está el pequeño puesto de salud, frente a una cancha de fútbol de tierra. Adentro, en la sala de espera, había un puñado de niños pobres, con tierra en las manos y rodillas, uno aspirando oxígeno de un estanque, otra con una tos áspera y el resto en silencio nada más, todos haciendo cola para que los viera la única doctora del lugar: una boliviana que había llegado el día anterior a la isla, siguiendo a su marido vendedor de oro. Me hicieron pasar antes de los niños, que esperaban hacía horas. Tenía más cara de turista, creo. O más cara de moribundo. Era ridículo verme ahí, en traje de baño y camiseta musculosa, como pegado con goma en esa realidad que a los turistas no nos está permitida o, mejor dicho, no nos interesa.

—No tengo ningún aparato para verte el oído —comentó de entrada la doctora, y con esa misma resignación que lo dijo comenzó a revisarme la oreja.

No me detectó nada, aunque sin instrumentos es probable que jamás se detecte algo en el oído de cualquiera. La doctora me regaló antibióticos, calmantes y desinflamantes:

—Y tienes que descansar, mucho reposo —me dijo ella, y cómo chucha voy a descansar si este dolor me está matando carajo, tuve ganas de responderle, pero al final le dije que sí, que trataría, porque el dolor al final nos resigna a todos. Con o sin instrumentos.

A la salida compré agua y tomé compulsivamente los remedios que me regaló el Plan Social de Salud de Brasil, el país de los ciento ochenta millones que duplicó su número de habitantes en menos de veinte años. A los pocos minutos de empastillarme soñé que me aliviaba, por momentos estuve casi seguro de que me aliviaba. Hasta esa noche hice un pescado asado pensando en que me aliviaba, hasta bebí aguardiente pensando que me aliviaba, hasta hice chistes junto al fuego en una posada con turistas lindos pensando que me aliviaba, hasta fui a la cama en una noche romántica pensando que me aliviaba, hasta traté de dormir pensando que me aliviaba, hasta me dormí un poco pensando que me aliviaba, pero desperté temprano al día siguiente y no se me había aliviado un carajo.

Mi cabeza entera ya estaba en llamas, apenas podía moverla, me saqué el tapón y le pregunté a mi compañera si se me veía algo, que no aguantaba más, y claro, ella me miró con cara de horror. Pero no era la cara de horror de las discusiones, ni la cara de horror con la que me decía: «Mejor vuelve a vivir a tu hotel». Era un horror ante lo insólito. Y sin explicarme lo que veía, me dijo que teníamos que ir otra vez donde la doctora boliviana, que claro que tengo algo, que era urgente partir, y «¿Qué tengo?», pregunté dos veces, y entonces, me lo dijo una vez pero la palabra se multiplicó por mil:

—¡¡Gusanos!!

«Cientos de gusanos», me dijo, con risa nerviosa. Y entonces descubrí lo que nunca pensé que sucedería: yo mismo me había convertido en un hotel.

* * *

Si estás de vacaciones en un lugar como Boipeba, olvidándote del mundo y de la habitación 54, probando diferentes playas de Brasil por varias semanas, nunca imaginas que tu mujer te dirá que tienes la cabeza llena de gusanos. O por lo menos, si te lo dice, no piensas que sea algo literal.

Cuando ya es una realidad, y no una metáfora, te hace lógica inmediata los movimientos que sentías en tu cerebro. Puedes desmayarte, seguramente. Ganas de pegarte un tiro te dan. Calculas que el cuchillo del desayuno puede entrar por tu ojo sin problemas y descorcharte el cráneo para que fluya todo. Y si en Boipeba existieran calles y automóviles, que por suerte no los hay, posiblemente te darían ganas de salir corriendo y tirarte a las ruedas del primer camión pesado que cruce por ahí. Así terminan muchas cabezas llenas de gusanos.

Pero esta no es una historia de arrojo, sino de resignación. Ni siquiera lancé un grito. Me quedé tranquilo, como dopado de ánimo. Cientos de microscópicos dientecitos me estaban comiendo la cabeza y contra eso no había terapia posible. Sentía esa violentísima ciudad de Dios brasilera dentro de mí. Volvimos al puesto de salud pero la doctora boliviana del día anterior ya no estaba. «Tenemos médico un día a la semana», me dijeron en la guardia, aunque los niños seguían en la sala de espera de atención. El treinta por ciento de los brasileros tienen menos de catorce años, la mayoría de ellos son pobres. Estaba en una emergencia y tenía que salir de ahí.

Cuando volvimos a la posada, a retirar el equipaje, todos se me acercaban a mirar. Estaba rodeado de caras de espanto, de asco, de gritos invocando a Dios y de gente que llamaba a otros para que vinieran a ver eso que se movía ahí, saliendo de mi oreja. Valença es la ciudad grande cercana a Boipeba, y en dos horas salía el próximo barco hacia allá. A diferencia de la moderna lancha de turistas, en la que llegué al paraíso, ahora me iba de él en un lento barco de madera que ocupaban los trabajadores de la isla y que andaba lento, muy lento, tan lento, surcando entre manglares que en otras circunstancias me habrían parecido maravillosos: el piloto del barco tomaba cerveza con un amigo y todos se tomaban la vida tranquilamente, alegres pese a lo que fuera, con calma, con ritmo lento, horrorosamente lento, tan lentos que resultaban cómplices con esos gusanos que se habían hospedado en mi cabeza. Muerte. En eso piensas cuando no queda más que esperar. Los gusanos se comen a las personas cuando mueren, dice la lógica. Quizás me había muerto, y nadie se tomó el tiempo de avisarme. Por eso estaba fuera del hotel, porque en realidad ya había fallecido y esto era un paraíso donde no había jabones pequeños y uno podía caminar tomado de la mano por la playa.

Me había convertido en un hotel, y flotaba por las aguas cargando a mis huéspedes. Después del barco, un bus entre pueblos de muchas iglesias evangélicas brasileras, hasta llegar al hospital de Valença. La sala de espera del hospital público era una antesala del horror: mujeres hiperembarazadas, hombres con parches en el ojo, niños con piernas vendadas, ancianas atrofiadas, todo adornado con lamentos que olían a encierro y de los que arranqué tras pagar treinta dólares para una atención privada del único otorrino del lugar.

—¡Meneses! ¡Igual que yo! —le dije al doctor, el joven Rogerio Menezes, que puso una cara de espanto al sacarme el tapón del oído.

—Llegando a Buenos Aires vas a tener que operarte del oído. Ya se están comiendo el tímpano —me respondió al saludo, con esa sangre fría amable de los médicos jóvenes.

Entonces se puso guantes, agarró una pinza con éter y comenzó a sacarme los gusanos uno a uno. El dolor que sentí debe estar, por lo menos, en las semifinales de un campeonato de los peores dolores de mi vida. Ella me acompañaba, asistía al médico, me tomaba la mano y me vio llorar, no por ella.

Cuando terminó el violento desalojo de quienes me ocuparon como hotel, Menezes me explicó la causa:

—Una mosca te puso los huevos sin que te dieras cuenta. Es muy raro que pase.

—¡¡Huevos!! ¡¡Moscas!! ¡¡Vacaciones!!

* * *

«HUEVOS, HUEVOS, huevos, huevos», se suele gritar al equipo de fútbol cuando hace falta coraje. Moscas, moscas, moscas, moscas, las favoritas de Monterroso.

Como el otorrino no pudo matar todas las larvas, taponeó la oreja con una barrera de cemento, igual como la policía brasilera tapa los túneles de microtráfico en las favelas, de manera que muera asfixiado todo el que está adentro. La recomendación era ir a un hospital más grande. Noche de bus a Salvador, la capital del estado de Bahía.

Huevos, huevos, huevos. Moscas, moscas, moscas. Por muy asqueroso que fuera el asunto, había incubado unos huevos. No es que sintiera cariño maternal por los gusanos, pero habían nacido dentro de mí. Técnicamente, lo que tuve se llama miasis, aunque en otros lugares de Latinoamérica se le conoce como nuche («ah, tuviste nuche, ¡igual que mi perra!», me diría semanas más tarde una sensible colombiana). El término miasis viene del griego *myia* (mosca) y se aplica a la infestación de los estados larvarios de varias especies de moscas que invaden órganos o tejidos de animales vivos, de seres humanos, y de turistas en plan de vacaciones en Brasil.

Desde el punto de vista psicológico, dicen los especialistas, «se convierte en una situación deplorable para el sujeto, sobre todo en las formas de cabeza y cuello, dejando la sensación de estar *lleno de gusanos*». Pero mi situación deplorable, eso pensaba mientras nos dormíamos en un hotel de Bahía, comenzaba a cambiar.

«Meneses, ya son las nueve», se escuchaba al otro lado del teléfono, y si me había dormido temprano, respondía «ok, gracias», y a los pocos minutos ya estaba debajo de la ducha.

A la mañana siguiente partimos al Hospital General Estadual, un enorme edificio oscuro y viejo y en eternas reparaciones donde pueden venir gratis los tres millones de bahianos y donde te reciben con policías en la puerta, con policías con metrallas Uzi en las manos, con policías que están ahí como si este fuera un hospital de guerra y ellos mismos vivieran en una guerra contra la delincuencia urbana. Esa delincuencia que hace que todas las oficinas estén con rejas y que la recepción del hospital también esté con reja, detrás de cuyos barrotes, los funcionarios blancos atienden a los pacientes que esperan su turno, o chequean las camillas que no dejan de llegar con niños con sangre y hombres heridos. Todas son carreras de camillas y metralletas y gritos y sangre, como si recién no más acabara de suceder uno de esos ataques de los escuadrones de la muerte, esas brigadas secretas de la policía brasilera que entran a los barrios pobres de Brasil y meten bala a lo que se mueva y las matanzas esas ya son famosas, aunque de los hombres que disparan a los pobres para matarlos por ser gusanos en plaga nunca se sabe.

Tras la espera en este hospital de guerra, otra vez una curación a mi oreja, otra vez una limpieza general que termina sacándome otros gusanos, ya muertos, que habían sido taponeados con el efectivo experimento del cemento. Agua, me meten agua en la oreja, dentro del oído, y refresca y limpia y ya no se siente el ruido a muerte. «Por alguna extraña razón la mosca pensó que eras un buen lugar para poner sus huevos», pensaba, hasta que el doctor Britto, del hospital de Salvador, me explicaría que era a causa de una otitis crónica. Esa maldita otitis de mi adolescencia, cuando tuve un dolor de oídos por semanas por meterme demasiado tiempo en las aguas congeladas del mar chileno, había sido el imán de estas moscas que pueden depositar unos catorce huevos en medio segundo.

La sensación solo había sido la de sentir una mosca zumbándome en el oído, mientras caminaba por las playas de Boipeba. Pero, claro, era más. Era haberme convertido yo mismo en un hotel. Y de paso, en maternidad. Y era, también, haber cambiado el rumbo de unas vacaciones en pareja en la playa, lejos de la realidad y de la vida en hoteles. Sin embargo, al primer descuido todo había vuelto a nuestro destino de normalidad: vivir en riesgo.

6

El infinito manto de luces desplegado abajo era el más incandescente lugar común. Siempre sospeché que aterrizar de noche en el D.F. sería algo como eso, con millones de lámparas encendidas en la ciudad del mundo con mayor número de faroles. Finalmente, estoy en México. La llegada al D.F. ha sido exagerada, como se podía suponer de una metrópolis que ha sido definida con esa desproporción. Estoy aquí presentando *Equipaje de mano* cinco años después de su primera edición, aquella que terminé de corregir en la habitación 54 del Hotel España de Buenos Aires, y que luego presenté en Chile cuando me hospedé en el Hotel España de Santiago. Cinco años han pasado, y los primeros días en Ciudad de México los he pasado dando entrevistas. Nunca me hicieron tantas preguntas como en el D.F., seguramente porque acá hay más radios, canales de televisión, revistas y diarios que en todo el resto de Latinoamérica. Nunca tuve que repetir las mismas respuestas en tan poco tiempo. Pero tampoco, y siempre con la exageración de la ciudad como telón de fondo, nunca vi tal cantidad de ajíes y tacos diferentes. Ni escuché esta cantidad de historias de secuestros y de taxis peligrosos y de narcoleyendas y de narcocorridos y de narcomasacres y de narcofiestas y de narcolujo y narcovehículos y de narcotráfico. Ni me crucé con tantos latinoamericanos que vivían en otra ciudad latinoamericana, y llegaron aquí para juntar buen dinero y salvarse un tiempo. Tampoco nunca antes vi este interminable desfile de calaveras de todos los tamaños y para toda la familia, convertidas aquí en saludo a la querida muerte y en un verdadero escudo nacional.

Aquí he recorrido los pasillos de la Universidad Nacional de México, que según ellos, con sus más de trescientos mil alumnos es la más grande del mundo. He quedado atascado en un taco infinito de la avenida Reforma. Anduve en metro, que en las horas de tránsito alto se divide en vagones para hombres y para mujeres, para que sean menos traumáticos los momentos de máximo apretuje. Fui a la lucha libre, en el teatro Arena México, y a la salida compré una máscara de Blue Demon.

Hace unos días, en el noticiero de TV Azteca me preguntaron qué me había parecido mi primer viaje a México. Miré a la cámara, imaginando que ahí atrás estaba todo el monstruo, todo el D.F., la ciudad con más millonarios y más pobres de Latinoamérica, la de las mansiones y las vecindades, la de las telenovelas que hablan de esa diferencia tan marcada, y dije con voz temblorosa: «No me ha parecido un primer viaje, es como si la conociera de antes».

* * *

El Hotel España del D.F. queda a tres cuadras del Monumento a la Revolución, la enorme e inconclusa obra mexicana levantada hace cien años para celebrar el Centenario de la Independencia. La independencia de México comenzó el 16 de septiembre de 1810 y tardó once años en hacerse definitiva. El Hotel España está en el número 100 de la avenida Puente Alvarado, y tiene una fachada roja con la pintura totalmente descascarada. Las ventanas tienen rejas, y en la puerta funciona todo un mercado de vendedores ambulantes de música y películas piratas. De camisas de marca, perfumes y ropa interior que imitan marcas caras. De pilas, radios y juguetes chinos. La entrada al hotel es una puerta blanca, de vidrio, que tiene una sola leyenda: «No azote la puerta».

En lo alto de la fachada hay un cartel que dice, escrito hacia abajo, «HOTEL», en letras azules y fondo blanco. Debajo de la L, hay un círculo azul dentro del cual se lee la palabra «España».

Apenas entras al España del D.F., sin azotar la puerta, apareces en un patio principal maltrecho y a la vista la seguidilla de puertas de todos los pisos. Más que un hotel, parece una cárcel, y el tipo de bigotes que se acerca a hablarme el carcelero. Dice que se llama Manuel, y desde debajo de su mostacho charro me pregunta enojado que qué ando buscando. Le cuento que lo llamé ayer, porque quería quedarme a dormir una noche ahí.

—Estamos completos —dice de nuevo, otra vez, como todos los días que lo he llamado por teléfono. Se mueve con autoridad, seguro, desconfiado. Tiene una actitud intimidatoria, orgullosa. Como si proteger a los pequeños vendedores de piratería china lo hiciera sentirse, igualmente, parte del mediático mundo del contrabando mexicano.

En eso suena el teléfono y me asomo a la habitación 1, la que tiene ventana a la calle donde están los vendedores ambulantes. El piso de la habitación 1 está con agujeros, los muebles casi no existen y sobre el final de la cama hay un par de frazadas que parecen tener vida propia. El Hotel España del D.F. no solo es sucio, abandonado, y una cueva de ratones y cucarachas, sino también de los vendedores piratas:

—No puedo darte una habitación, porque la gente de afuera toma los cuartos por temporada —dice, siempre de mal humor y con ganas de que me vaya.

Los cuartos que están cerrados tienen un candado desde afuera, y en los pasillos hay varias bolsas negras que pueden tener basura, o mercancías.

Una vecina del barrio me había dicho, en el Seven Eleven de la esquina, que alguna vez, hace muchos años, en la época de las olimpiadas del 68, el Hotel España del D.F. había tenido su mejor época. Que su principal clientela era gente del interior del país que hacía trámites en el centro. Hoy nada de eso queda. Por mucho que el encargado tenga varias imágenes de la Virgen de Guadalupe en la recepción, más que un mesón de admisión parece la garita de un carcelero: atiende desde atrás de un vidrio, desde el que supuestamente reparte las habitaciones que siempre están vendidas.

En un momento, Bigote Charro me dice que llame más tarde, que llame en la noche, y entonces entro a la habitación 1, que está deshecha y es donde él estaba tumbado cuando yo me asomé. Me habla fuerte, me repite que llame en la noche, y no entiende que esté dentro de la habitación.

El cuarto es un asco, y lo reconozco porque en mi vida de hoteles he dormido en muchos lugares asquerosos. Miro rápido, como buscando algo, y antes de irme, cuando el tipo está a punto de sacarme a la fuerza o llamar a algún matón de la mafia de vendedores ambulantes, lo encuentro. Ahí está. En la funda de ese juego de sábanas grises que alguna vez fueron blancas. Escrito en letras azules, gruesas: «Hotel España».

No son letras bordadas, sino pintadas. Como un esténcil ancho, que cruza toda la almohada. Como se timbra la ropa de un hospital público, o como se escriben las ofertas de un supermercado. Sin la vieja pretensión del Hotel España de Buenos Aires, ni la nueva pretensión del Hotel España de Santiago, ni la improvisación del Hotel España de Bogotá. Letras grandes y rectangulares en un llamativo color azul, para que no queden dudas de que por fin estoy en el mero México.

* * *

Estoy en el D.F., y aunque la altura moleste los primeros días, no dejo de sorprenderme de estar en México. O como lo dice su nombre oficial, en los Estados Unidos Mexicanos. En el resto del mundo solemos olvidar que los de México también se llaman Estados Unidos, sin embargo, ellos parecen estar dispuestos a que lo recordemos. Como ahora, que estoy en la capital del país, la antigua Tenochtitlán, y he visto la inauguración de la pista de hielo más grande del mundo.

—Para que esta Navidad los mexicanos se sientan como en Nueva York —dijo el alcalde de la ciudad, un día de sol, mientras algunos turistas en camisetas y pantalones cortos tomaban fotos de la pista de hielo en el centro de la ciudad más grande del mundo.

Los informes meteorológicos dicen que, en estos momentos, en Nueva York está nevando. Aquí en el D.F., en cambio, hace calor. Hace meses que no llueve, muchísimos años que no cae nieve, y en el cielo apenas se logra ver la nube de contaminación que crece en la época seca, que es la de ahora, la misma en que funciona la carpeta de hielo. La insólita pista es una de tres que se han instalado en la ciudad. Las otras están en la Alameda del Sur y en San Juan de Aragón. Para que funcione, se instalaron diez enfriadores de agua que mantendrán la pista en condiciones óptimas para el patinaje.

—Será la mejor Navidad de los últimos años —dijo el alcalde, y ahora que veo a estas familias mexicanas patinando como en Nueva York, por su alegría me doy cuenta de que tal vez la idea no era tan disparatada.

Desde siempre en Latinoamérica vivimos una Navidad con adornos de nieve, con trineos y un Papá Noel que se moriría de calor si se asomara a nuestras ciudades en diciembre. Sin embargo, esto de la Navidad como en el hemisferio norte venía siendo una simple y mala casualidad climática. Eso, hasta ahora, que los mexicanos han querido tomar el asunto en serio, y se han puesto a la tarea de inventar un invierno, una nieve, una pista de hielo que haga algo de justicia frente a tan impune bombardeo comercial.

La colonia de inmigrantes más grande de Estados Unidos es la de México. Tal vez, los motivos para traer la pista de hielo al D.F. tengan que ver con eso, con acercar a Estados Unidos a la gran Tenochtitlán, con frenar el continuo éxodo que mata a cientos de mexicanos cuando tratan de cruzar la frontera. Cuando pido un par de patines para calar la pista de hielo, pienso en que toda esta escena de patinaje sobre hielo está pasando en el centro de un D.F. caluroso. En el «mero mero» defectuoso, la ciudad de la lucha libre, de los tacos pastor, de las peleas de gallos y perros, la de Cantinflas y El Chavo, que celebra en día de los muertos con entusiasmo y que es la ciudad con más chalecos antibalas del mundo.

Y aunque las autoridades insistan en hacernos creer que todos los que usemos la pista de hielo nos sentiremos como en Nueva York, les puedo asegurar que no es así. Que dentro de la pista uno se siente en la Ciudad de México. Y se siente bien.

7. Vivir debutando

«Oohhhhhhhhhhhh», gritan a coro los asistentes a la plaza de toros de Guadalajara, mientras Ricardo Rivera da una voltereta en el aire. En una repentina cámara lenta, y con el «ooooohhhhhhhh» como música de fondo, el joven torero colombiano cae pesado sobre la arena. Su traje de luces color blanco, comprado en España especialmente para hoy, para su estreno como matador, para su debut en las grandes ligas taurinas, ahora se tiñe con un charco de sangre espesa. Dentro de la pista, los otros matadores corren a entretener al toro de la ganadería de Begoña, el animal de quinientos kilos que lanzó por los aires al debutante. Por detrás de la barrera, en el callejón, la situación es otra. Los amigos de Rivera, los mismos que estaban anoche acompañándolo antes de su gran día, los mismos que contaban anécdotas en una habitación del Hotel Camino Real de Guadalajara, los mismos que hacían chistes y le daban ánimo y le aseguraban que le iría bien, que bastaba entrar concentrado, seguro; los mismos que lo acompañaron esta mañana mientras se vestía, o en la camioneta del hotel a la plaza, ahora salen corriendo hacia la zona donde un tipo de veinticuatro años, nacido en Cali y que hoy vive su gran día, hace esfuerzos por recuperar la respiración.

* * *

Una camioneta me va a buscar al aeropuerto de Guadalajara, y me deja en la entrada del Camino Real. Entrego mi pasaporte en la recepción, anotan los datos, me piden la tarjeta de crédito y me hacen firmar unos papeles. El botones se carga la mochila y, en su papel de *cafishio*, me va hablando bien del cuarto, antes de hacer una aprendida puesta en escena para mostrarme la habitación.

La habitación es grande, cómoda y repleta de detalles. La cadena hotelera es la más importante de México, y su dueño es Carlos Slim, el hombre más millonario de América Latina y uno de los cuatro más ricos del mundo. Dentro del mapa económico latinoamericano, famoso por su desigualdad, hay treinta y un personas o familias que poseen más de mil millones de dólares y doscientos cinco millones que viven en condiciones de pobreza.

Las toallas del baño dicen «Camino Real», pero el motivo por el que estoy aquí tiene que ver con España. Con la fiesta taurina. Mañana es el debut de un torero colombiano, y estoy aquí para contar su historia.

—Buenas noches, Ricardo Rivera —dice Ricardo Rivera, y estira su mano tibia y de dedos largos. En su cuarto de hotel, amplio y con dos ambientes, lo acompaña un grupo de tipos vestidos elegante-sport y de carcajadas fáciles, entre los que están representantes, apoderados y toreros amigos. El televisor transmite algo que nadie ve, y todos beben: algunos whiskys, otros cervezas, uno tequila y Rivera Coca-Cola.

—¡Así es una noche de toreros! —grita Pablo Moreno, un empresario mexicano que ha apostado fuerte por el debut del caleño, y levanta su vaso con una mano que al mismo tiempo carga un habano.

Ricardo Rivera sonríe tímido, y enciende un nuevo Marlboro rojo. Está sentado con las rodillas juntas, y por como mira parece estar pensando más en el toro de mañana que en esta «noche de toreros». Flaco y alto para un matador promedio, apenas saca la voz. Eso, hasta que comienzan a salir anécdotas de corridas. Y entonces uno habla de un toro, y otro de uno más grande, y otro de uno más grande aún, y entonces Rivera dice:

—Listo, ¡ya está! Tengo que dormir —y se para, mientras el resto, entre risotadas y brindis, lentamente se va del cuarto del mejor hotel de Guadalajara.

El único que se queda acompañándolo, en la habitación amplia de dos ambientes, es Andrés de los Ríos, otro joven torero colombiano.

—Todo va a salir bien, marica —le dice De los Ríos.

—Sí, pero es que ya estaban hablando mucho, y no me gusta eso —se queja, y aspira el cigarrillo con fuerza. Con toda esa nerviosa fuerza de la noche previa a un debut.

* * *

«Meneses, ya son las nueve», se escuchaba al otro lado del teléfono, y si me había dormido temprano, respondía: «Ok, gracias», y a los pocos minutos ya estaba debajo de la ducha.

Otro día que despierto en un hotel. El sol pega fuerte esta mañana en Guadalajara. En el desayuno, el matador Rivera me cuenta que la noche anterior no cenó casi nada, y ahora no prueba muchos bocados: «Es mejor estar sin comida, por si te tienen que operar de urgencia», dice, mientras camina alrededor de la piscina que está frente a su habitación. Su última comida fuerte fue ayer en la tarde:

—Carne y ensalada. Carne a punto, muy buena.

—¿Te gusta la carne?

—Claro que sí, muchísimo.

Mientras una de las empleadas del hotel hace la habitación, Rivera cuenta que le costó quedarse dormido. Que toda la noche pegó «muletazos» y que toreó en la cabeza hasta que lo sacaron en hombros de la plaza. También, cuenta que repasó todo lo que tuvo que ocurrir para estar aquí, en el día de su estreno.

Ricardo Rivera no viene de familia de toreros. Su padre es un administrador de empresas de Cali, que de chico lo llevaba a los toros, y su madre dueña de casa. De aquel matrimonio tiene dos hermanos, uno mayor que es ingeniero civil y una hermana que estudia arquitectura. Ningún antecedente de matador, por eso todos se asustaron cuando a los catorce años dijo que quería ser torero. De tanto insistir, cuenta, en 1998 se inscribió en la escuela taurina de Cali: «Esperaban que se me pasara, pero no se me pasó nunca».

Durante toda la mañana lo llaman por teléfono, o lo pasan a saludar por la habitación. Fuma varios cigarrillos, mientras se va moviendo de un lado a otro sin estar quieto. Hoy es su tarde, su noche, pero ahora recién es la mañana y Rivera está ansioso. Cuenta que a los diecisiete años se fue a España. Todo un año a correr animales:

—Esa fue la confirmación de que esto era lo mío. Pero se me hizo difícil, porque en España te toca pagar por torear. Más o menos dos mil euros por cada novillada. Tenía que llamar a mi papá para que me mandara dinero, pero me mandó para una novillada y se acabó. Y en esa novillada me fue mal, corrí como loco. No fui capaz, la vi inmensa —cuenta, sabiendo que esta vez el dinero no lo pone su padre sino varias empresas mexicanas y que, aunque vea inmenso el primer toro de su vida, deberá quedarse quieto y torear. Sin pensar en volver atrás.

Ricardo es el primer torero extranjero en tomar «la alternativa» en la plaza de toros Nuevo Progreso, la segunda en importancia de México. Y en «la alternativa», como le llaman al debut como matador, tendrá de padrino al famoso torero colombiano César Rincón.

—Después del viaje a España me retiré. Ya estaba matriculado en la Universidad del Valle, en Cali, para estudiar arquitectura, pero por suerte me invitaron a correr a Guadalajara —dice. El contrato era por una novillada, y de eso ya han pasado dos años.

* * *

Sobre la cama de Rivera está su traje de torero, y a un costado la capa y las espadas. Sobre el piso hay una toalla, y sobre ella él, en calzoncillos, estirando músculos mientras escucha flamenco por iPod. Gerardo, un famoso mozo de espadas de Guadalajara, ordena la ropa y cuando Rivera detiene los nervios comienza a vestirlo. Primero un calzoncillo largo, luego unas largas medias rosadas que le llegan hasta los muslos.

El de hoy es el primer traje de torero que Rivera se manda a hacer. Los anteriores vestidos (él lo llama vestido), eran todos de segunda mano. El de hoy lo compró con cinco mil euros que le prestó Pablo Moreno, el empresario que le apuesta fuerte. Lo mandó a confeccionar en España, y lo irá pagando en la medida que mate más y más toros.

Mientras le van poniendo el traje, el semblante de Rivera cambia. Como una suerte de travesti sin tacones, con esta nueva ropa el caleño muta de personalidad: atrás queda el joven tímido y aparece un tipo de ceño fruncido capaz de matar con sus propias manos a un par de toros por jornada. El traje es virginalmente blanco y con detalles de plata. Rivera dice que hay muchos catálogos para elegir el traje, pero que a él la decisión le salió fácil:

—No sé. Me hacía ilusión. Es un día tan importante en mi vida, es como la primera comunión, o más. Quería algo así. Salir de blanco.

Se mira fijo frente al espejo, mientras el mozo de espadas le amarra el pelo de la nuca. Uno de sus asistentes toma los bártulos del torero, y nos subimos a la camioneta que nos llevará del hotel al ruedo. Es un domingo tranquilo en Guadalajara. Por las calles se ve un par de niños con camisetas del Atlas, y algunos anuncios de la corrida de esta tarde. Rivera va sentado en el lugar del copiloto y pone un CD de canciones flamencas. Las cambia una y otra vez, sin alcanzar a escuchar ninguna más de treinta segundos. Cada tanto, se mira vestido de torero en el espejo.

—¿Cuánto puede durar uno de estos trajes?

—Hombre, me puede durar hasta hoy mismo. Me coge un toro y me revienta el vestido... Dios quiera que no, ¿no?

* * *

Aunque se cumplan otros doscientos años de independencia, hay costumbres traídas de España que no se podrán cambiar fácilmente. Una de ellas es la religión: se estima que el cincuenta por ciento de los católicos del mundo vive en Latinoamérica. Otra son las corridas de toros: en países como México o Colombia, las corridas tienen tanto o mayor entusiasmo que en la propia España. Esta tarde la gente está agolpada afuera de la plaza de toros Nuevo progreso. Cuando abren el portón, la camioneta entra directo al túnel que da a la arena. En la zona previa hay una ambulancia, un par de caballos y algunos canales de televisión y radios locales. Los periodistas se van sobre el debutante, que habla de ilusión, de ganas, de deseos de que todo salga bien.

Lo saluda su representante, que se queda con un 15% de lo que gane Rivera esta tarde. Y que será casi nada, comparado con los cerca de ochenta mil dólares que se llevará el maestro Rincón en las mismas horas. Pero el caleño dice que no hace esto por dinero, sino porque le gusta torear.

La plaza está bastante llena. Todos los toreros de esta tarde saludan al público, y el primer toro de la tarde, que corresponde a César Rincón, «el maestro», se lo cede a Ricardo Rivera. Esa ceremonia es la alternativa. El debutante va con el capote, el maestro le da la muleta, y el debutante le pasa el capote. Todo, con los otros dos toreros de la tarde como testigos: Ignacio Garibay y Joselito Adame.

—Ahora usted es matador —le dice César Rincón a Rivera, y se va.

En la arena, está Ricardo Rivera frente a su primer toro. El animal se llama Siempre Adelante. Desde un costado del ruedo sus amigos le gritan instrucciones. El caleño le da la espalda, se mueve pausadamente, está nervioso pero no pierde el control. Saca algunos «¡oléeeee, oléeeee!», y con una certera estocada logra meter toda la espada en la espalda del animal. La deja ahí, y se aleja para ver cómo el toro se cae de piernas cruzadas y muere frente a los ojos del debutante y al de todos nosotros.

En el primer animal de su vida como torero, Ricardo Rivera consigue oreja. Y con la oreja del toro en su mano derecha, recorre la plaza recibiendo el saludo de los espectadores.

—¡Grande matador! ¡Así se hace matador! ¡Matador de Colombia y México!

Si le va bien en México, Rivera quiere irse a España. El año pasado tenía catorce novilladas listas en España, pero por ser colombiano no le dieron la visa y las perdió.

—Pero yo quiero ser torero en España. Todos somos toreros para ser toreros en España, no en Colombia ni en México. En España son toros todo el año, y todos los días, y con dinero.

* * *

Ya es de noche cuando Ricardo Rivera sale a torear su segundo animal, el último de su gran día. Su padre y su hermana han llamado por teléfono desde Colombia, y un asistente les ha contado que en el primer toro cortó oreja.

El segundo toro es más bravo y pesado. Rivera, con una oreja en el bolsillo, arriesga. Se acerca a su víctima hasta sentirle la respiración. Quizás para hablar con el animal, «yo con el toro me comunico, le hablo con la mirada». Una de esas maniobras milimétricas, ajustadas, al límite, es interrumpida por un largo y nervioso grito del público: «Ooooohhhhhhhhhhhh».

Ricardo Rivera da una voltereta en el aire. Su traje blanco, comprado en España especialmente para hoy, se tiñe con un charco de sangre espesa que venía del toro. Dentro de la pista, los otros matadores corren a entretener al toro de la ganadería de Begoña, el animal de quinientos kilos que lanzó por los aires al debutante. Por detrás de la barrera, los amigos y asistentes de Rivera salen corriendo hacia la zona donde él intenta recuperar la respiración.

Se levanta con dificultad. Pide que lo dejen solo. El toro lo ha levantado por los aires, pero para su fortuna el cuerno se lo metió entre las piernas y no le alcanzó a reventar la ingle. Rivera perdió aire con la caída, se moja la cabeza, recupera oxígeno, escucha a sus amigos gritándole «¡vamos, vamos matador, vamos que puedes, vamos que es tu día, vamos marica que todo está bien!», y con esos gritos retumbando en la oreja junto al aplauso de la plaza, Rivera vuelve al ruedo. El animal vuelve a empujar para reventar al debutante, pero esta vez Rivera le hace un ole, y otro oooooole, y otro oooooole, y la banda de músicos le pone trompetas al siguiente oooooole. Una faena que termina con otra estocada certera, que mata al toro sin ayuda de nadie más, y que le concede a Rivera la segunda y más arriesgada oreja en su único y esperado día de estreno.

* * *

Rivera sale de la plaza de toros en hombros, junto al joven torero Joselito Adame, según los expertos, el mejor torero mexicano de los últimos treinta años. Las cámaras lo siguen. Rivera levanta los brazos, y la mancha de sangre en su traje blanco le da a la escena el carácter de un bautismo. A la salida de la plaza le piden autógrafos, las chicas se le tiran a los brazos, los asistentes lo empujan a la camioneta para volver al hotel.

—Si hoy me va bien, la habitación va a estar llena de gente y el teléfono no va a parar de sonar. Si me va mal, acá no habrá nadie, estaré absolutamente solo. Siempre es así. Es la vida del torero —había dicho en la mañana, y de regreso al hotel su cuarto está lleno.

Apenas tapado con una toalla en la cintura, y con el traje ensangrentado apoyado sobre una silla, Rivera está tirado en la cama rodeado de asistentes y apoderados y representantes.

—Estuviste fenomenal, cabrón. La gente me lo decía en la tribuna. Estuviste más matador que nunca, cabrón. Con los cojones de un verdadero torero —le dice Pablo Moreno, vestido de traje y corbata amarilla.

—¿En serio? —pregunta Rivera, con la coquetería de quien no se cansa de recibir y recibir y recibir elogios por su primera vez.

—¡El mejor torero del día!

Cuando sale de la ducha, uno de los asistentes le cuenta que llamaron de Colombia su padre y su hermana. Rivera pregunta qué dijeron, cómo estaban.

—Tu papá está feliz de su hijo torero, te mandó felicitaciones.

El gran día de estreno termina en un restaurante español, donde Pablo Moreno ha invitado a más de cincuenta personas de Guadalajara. Un grupo de música ameniza la fiesta de graduación de Rivera, quien en mitad de la cena toma el micrófono y le da las gracias a todo el mundo, «a todos los que creyeron en mí, a mis apoderados y representantes y gracias, muchas gracias».

Vestido de *jeans*, Ricardo Rivera vuelve a ser el personaje tímido que, en vez de estar aquí, ya tenía toda su vida marcada para estar cursando arquitectura en la Universidad del Valle. El caleño que cuenta que ni su madre ni su abuela lo han querido ver torear alguna vez, pero que ellas le dijeron que si esto le hacía feliz ellas también lo estaban. El flaco tímido, que por milímetros no se traga los cuernos de un toro y que esta noche se queda celebrando hasta que salga el sol, aunque ahora sólo está pensando en su próxima meta: España.

8

El día que firmé el contrato de alquiler de un departamento en el barrio Palermo, me guardé las llaves de mi nueva casa en el bolsillo y me fui a buscar los bártulos al Hotel España de Buenos Aires. En total, tenía unos cinco bultos, entre maletas, mochilas, y dos bolsas enormes con revistas y diarios y libros. Carlos, el que me despertaba en las mañanas, llamó un taxi y metimos todo adentro con ayuda del chofer. Me despedí de él, y de las mucamas como siempre. Como si en cualquier momento fuera a volver, pero mi idea, esta vez, era no volver más. Como si hubiera llegado el momento, por fin, de una vez, de iniciar una vida pegada a la realidad donde no todo fuera parte de una ficción.

Era noviembre y para que todo resultara más dramático, estaba lloviendo. Era el inicio de cinco extraños días de lluvia de noviembre. Yo iba sentado en la parte de atrás del taxi, agarrando como podía todas las bolsas enormes de lo que era mi casa. Cuando cruzamos el obelisco, seguimos hasta Libertador, y doblamos hacia el Jardín Botánico. El taxista me hablaba algo de la contingencia, sobre un comentario de la radio, y no le quise compartir lo que para mí significaba ese viaje entre el Hotel España y la que pasaba a ser mi nueva casa. Seguramente, nunca lo habría entendido, pero ya tendría tiempo para la realidad.

Subí las pesadas bolsas hasta el sexto C, las desparramé sobre el piso de madera de un departamento completamente vacío, y me tiré un rato en el suelo. Me quedé así unos segundos, hasta que logré ver entre todos los bultos una bolsa de inciensos que había comprado en Vietnam a una chica que insistía mucho. En la misma bolsa de los inciensos estaba, todavía embalada, la pareja de títeres que alguna vez podré desembalar. Encendí un incienso, y recorrí todo el departamento esparciendo su humo. Ya habría tiempo para comprar muebles, pagar deudas, barrer, ordenar, hacer la cama y todas esas actividades que no vemos en las vidas de novela y que ahora serían parte de mi realidad. Incluso, si volvía con ella, la situación ahora sería distinta. Ahora parecía tan obvio, tan fácil, tan evidente que este era el camino correcto. Más de tres años había tardado en poder salir del Hotel España, y sentía que estaba a salvo. Entonces, todavía no entendía que vivir en hoteles es como el alcoholismo y ser inmigrante, nunca dejamos de serlo.

* * *

Mientras escribo estas líneas afuera cae un diluvio. En la cafetería, de ventanales gigantes, hay cuatro mesas ocupadas. Una rubia de *piercing* y escote toma con sus dos manos un café humeante y mira hacia la calle. Son las once de la mañana de un día de semana de mi nueva vida fuera del hotel. Cerca de la puerta, un tipo con zapatos de *trekking* y mochila de trotamundos abre su computadora portátil para leer y escribir *mails*. En la mesa vecina un jubilado con acento italiano lee el diario y comenta las noticias con su mujer. La lluvia no para, pero aquí adentro hay un calor de hogar tan artificial como acogedor. En ese escenario, nostálgico y otoñal, pienso en todos aquellos que en este instante están solos y viviendo en su propio Hotel España.

Hay quienes ven en el viaje constante una búsqueda. Otros, una huida. Supongo que las dos forman parte de lo mismo, y tienen que ver con una forma de ver la vida. A mucha gente le cuesta entender que haya otras maneras de existir, además de la propia. Vivir como extranjero tiene sus riesgos, y no me refiero solamente a asuntos legales. El desarraigo, masticándote los tobillos, siempre te recuerda que eres de otro lugar. Por lo mismo, la vida en el departamento era una solución práctica para dejar el hotel, pero no había detenido el viaje. Podría decir que desde que dejé mi ciudad, y mi país, todo el tiempo soy un extranjero aunque tenga documento de identidad en otro sitio y pueda votar en elecciones para elegir presidente de una república donde no nací. Pero también, y de esto sí estoy seguro, siento que estoy viajando desde antes de emigrar. Tal vez, desde aquel primer hotel junto a mis hermanos y mi padre, cuando conocí los jabones en miniatura y buscaba autos de otros países para maravillarme con lo forastero. O cuando imaginaba lo sorprendente que sería tener una vida entre aviones, hoteles y presentaciones de libros, creyendo que algo como eso era la felicidad. Seguramente, estoy viajando porque llevo una vida idealizando los viajes, con la misma inocencia de alguien que nunca ha salido de casa.

    Tanta resistencia a abandonar el Hotel España tenía que ver con la realidad. Si bien los periodistas trabajamos con lo real, no siempre nos interesa enfrentarlo más allá de un hecho por narrar. Los primeros meses fuera del hotel, nunca volví a acercarme a la calle Tacuarí número 80. Los viajes siguieron, pero ahora volvía al departamento en Palermo. Finalmente, no era mucha la diferencia. Cuando cumplí el primer año fuera de la 54, las cosas parecían marchar por rumbos más convencionales: me había mudado con ella, cada vez trabajaba menos en los cibercafés y seguía sin haber reincidido en la vida hotelera. Las veces que tenía que ir a la avenida de Mayo, cerca de Tacuarí, me preocupaba especialmente de pasar lo más lejos posible de lo que había sido mi casa. Ni siquiera entraba a saludar, sabiendo que en eso se escondía algo. Cuando cumplí dos años sin volver al hotel, me sentí cerca de la rehabilitación definitiva. Incluso lo llegué a comentar a varios conocidos: «Hoy cumplí dos años sin volver». Sin embargo, la idea de escribir de los hoteles España siempre volvía. Y volvía junto con la idea de conocer el D.F. Y volvía con la idea de escribir una crónica de Latinoamérica, como una suerte de viaje final de mi vida de hotel.

Vivir en Latinoamérica

Desde hace tres días estoy de vuelta en la 54. Cuando volví, en la recepción estaba Castro, el viejo español dueño del hotel. Me dijo: «Hola Meneses, ¿otra vez por aquí?», y me saludó como si hubiera vuelto ayer, o hace un mes, pero hace poco más de tres años que no regresaba. Cuarenta meses, en total, que para él que se ha pasado cuarenta años tras el mesón deben ser equivalentes a una semana. Mientras acomodaba la mochila en uno de los sillones verdes de la recepción, él miró los cuartos que estaban libres. La habitación estaba ocupada.

Me pasó el llavero de la 43, interior. Después de una noche en la 43 se desocupó la 54. Está casi igual que en aquellos años en que vivía aquí, aunque el piso de madera, viejo, gastado y sonoro, pero con carácter, fue cambiado por una baldosa blanca brillante y horrible. No debería importarme, lo sé. Pero creo que cagaron la 54, igual que el ropero, que lo alargaron hasta el techo y lo empotraron en la pared para que no acumulara polvo. El olor, como siempre, asqueroso de entrada. Con esa mezcla de químicos y desodorante ambiental que te parte la nariz, pero que se soluciona rápido abriendo de par en par la doble puerta que da al balcón y la ventana del baño, mientras enciendes un cigarrillo.

Largo tiempo sin venir, y como nunca pasé a saludarlos, nadie del España sabía exactamente si vivía en Buenos Aires o en otro sitio. Aunque Gustavo, el hijo de Ángel Pardo del turno de la tarde, me dijo que había escuchado una entrevista radial que me hicieron por *La vida de una vaca*. Gustavo, que antes reemplazaba a su padre esporádicamente, ahora trabaja regularmente en el hotel. Eso, desde que su padre finalmente se jubiló tras cuarenta años en el mesón. Varias veces hemos hablado de juntarnos los tres en la casa donde Ángel recuerda su vida de hotel, pero todavía no se ha dado.

—Hola, ¿cómo estás? —me dijo una de las mucamas, el primer día, y me lo dijo como si me hubiera visto ayer. Así pasa en los hoteles. En pocos días todo había vuelto a la normalidad de la ficción. En el almacén de la esquina me saludaban como si no me hubiera ido, y el mozo de la pizzería me dijo «hasta mañana», después de que pagué la cuenta.

Pronto me iré de aquí. Estoy en la 54 apenas unos días, mientras busco una nueva casa donde comenzar de cero. Sin embargo, este fin de semana me ha servido para confirmar lo que sospechaba: pase el tiempo que pase, nunca más podré salir del Hotel España. La vida en hotel incubada adentro, como huevos de mosca en la oreja, como un camino sin vuelta, como el viaje sin regreso de tantos inmigrantes que han ido y venido entre Latinoamérica y España por más de doscientos años.

Hace once años, en 1998, publiqué en Chile una pequeña novela llamada *Hotel Paraíso*. La *nouvelle* fue editada por Dibam, la Dirección de Bibliotecas Archivos y Museos. Eran pocos ejemplares, no salían a la venta, y formaban parte de la entrega final de un taller. En la última mudanza, encontré uno de los ejemplares. La historia del libro es de un hotel, en la ciudad de Valparaíso, donde distintos personajes van a pasar la llegada del año 2000 viendo los fuegos artificiales que se disparan en la bahía. Dentro de los personajes, hay varios que viven en el Paraíso. De hecho, la primera frase de la historia dice que un hotel pequeño es la mejor manera de reemplazar un hogar.

La ficción, hace más de diez años, me había llevado a escribir una historia de personajes en un hotel. En esa época pensar en una vida de viajes y escribiendo historias por el mundo era eso, una ficción. Es cierto que, en todos estos años entre el Paraíso y el España, pude haber perdido muchas cosas. Pero finalmente, he terminado encontrando una historia real. O haciendo real mi más vieja ficción.

Termina el viaje, aunque nada se detiene. En estos momentos, como ayer o mañana, un hombre recuerda la invasión a su ciudad, con helicópteros volando a baja altura y el tableteo de metralletas, mientras los cuerpos se desploman después de recibir un balazo. Una familia vive sobre una isla flotante y, cada vez que llegan los turistas europeos, salen a recibirlos con artesanías y los niños les piden un dólar. Un grupo de chicas del cuerpo de baile aceitan sus piernas, secas de tanto bikini, minutos antes de salir al escenario en un lujoso hotel todo incluido. Un grupo de turistas saca fotos desde adentro de un tren que los lleva a las nubes. Un poblado campesino piensa en esa semana del año en que sienten que viven en otro país. Todavía existe un parque donde las estrellas son las burras, una isla donde el único puesto de salud no tiene elementos para auscultar una oreja, y un torero que espera triunfar para llegar a España. Se transmite un linchamiento por radio, un presidente está ausente, hay un vendedor de pasaportes que puede ser policía y un pueblo de la montaña que intenta estar conectado directamente al primer mundo.

Todo lo anterior formó parte de este viaje por la América Latina del Bicentenario, y podría suceder en cualquier país de la región. Finalmente, esa incertidumbre es parte de la esencia de este territorio sembrado de hoteles España.

«Meneses, ya son las nueve», se escuchó al otro lado del teléfono esta mañana. Era Carlos, como siempre. Minutos más tarde, mientras me duchaba, dos asaltantes que habían pasado la noche como pasajeros entraban a la oficina de Carlos. Uno lo agarraba, mientras el otro le pegaba en la cabeza con el arma. Entre la golpiza, le pedían a los gritos todo el dinero. Una de las empleadas del hotel alcanzó a llamar al 911, y al rato llegaron varias patrullas de la policía. Se cortó la calle, los vecinos se asomaron a las ventanas, y se detuvo a uno de los asaltantes que se escondió en una habitación del segundo piso, debajo de la cama.

A la mañana siguiente, no me despierta la llamada de Carlos. Está en su casa, en reposo, y con una herida cortante en la cabeza. Cuando bajo al hotel está Gustavo, que hará seguidos el turno de la mañana y de la tarde. Pese a toda la desgracia ocurrida, me dice con esa alegre resignación tan propia del incierto destino latinoamericano:

—Hoy salió el robo en el diario *Crónica*.

Y me muestra una copia de la noticia, donde se informa del asalto al Hotel España.

Tacuarí 80, Buenos Aires, junio de 2009

La Crítica Practicante
Ensayos latinoamericanos

Aínsa, Fernando: **Del topos al logos. Propuestas de geopoética.** 2006, 304 p. (La Crítica Practicante. Ensayos latinoamericanos, 2) ISBN 9788484892915
  * *Reúne una serie de ensayos en torno a la función del espacio en la narrativa latinoamericana: sus símbolos y la forma en que la naturaleza, el paisaje y los lugares (topos) se transforma artísticamente (logos).*

Castañón, Adolfo: **Viaje a México. (Ensayos, crónicas y retratos.)** 2008, 376 p. (La Crítica Practicante. Ensayos latinoamericanos, 4) ISBN 9788484894063
  * *Ensayos y textos diversos en torno a México. Más que una serie de tesis, propone una red de preguntas a través de las obras de autores como Juan José Arreola, Salvador Elizondo, Carlos Fuentes, Monsiváis, Octavio Paz, etc.*

Echavarría, Arturo: **Lengua y literatura de Borges. Prólogo de Klaus Meyer-Minnemann.** 2006, 194 p. (La Crítica Practicante. Ensayos latinoamericanos, 1) ISBN 9788484892465
  * *Este estudio toma como punto de partida los propios textos del autor argentino, revisa sus posibles influencias y pone el acento en la presencia en su obra de procedimientos formales asociados a su particular visión de la lengua.*

Yurkievich, Saúl: **A través de la trama. Sobre vanguardias literarias y otras concomitancias.** 2007, 292 p. (La Crítica Practicante. Ensayos latinoamericanos, 3) ISBN 9788484892083
  * *En este conjunto de textos, Yurkievich analiza las variaciones estéticas desde los orígenes de la vanguardia hasta la aparición del postmodernismo, proponiendo una explicación de modelos literarios, poéticos y narrativos.*

Lecturas españolas contemporáneas

Carrión, Jorge (comp.): **Madrid/Barcelona. Literatura y ciudad (1995-2010).** 2009, 280 p. (Lecturas españolas contemporáneas, 4) ISBN 9788484894667
* Relatos de Arcadi Espada, Quim Aranda, Santos Juliá, Mercedes Cebrián, Manuel Vilas, Javier Marías y Enrique Vila-Matas, entre otros.

Delibes, Miguel: **Viejas historias de Castilla la Vieja. La mortaja. La partida. Edición de Antonio Candau.** 2007, 276 p. (Lecturas españolas contemporáneas, 1) ISBN 9788484893547
* Cuidada edición de una de las más originales novelas breves de Delibes (1920-2010), seguida de dos de sus primeros relatos (1954 y 1957).

Díez, Luis Mateo: **El espíritu del páramo. Edición de Carlos Javier García.** 2008, 240 p. (Lecturas españolas contemporáneas, 3) ISBN 9788484894285
* Una de las grandes novelas españolas de los últimos años. Publicada originalmente en 1996.

Ortiz, Lourdes: **Voces de mujer. Edición de Nuria Morgado.** 2007, 206 p. (Lecturas españolas contemporáneas, 2) ISBN 9788484893530
* Lourdes Ortiz es una de las escritoras más relevantes del actual panorama español. Se recogen aquí relatos publicados antes en Los motivos de Circe.

Rueda, Ana (ed.): **El retorno/el reencuentro. La inmigración en la literatura hispano-marroquí.** 2010, 323 p. (Lecturas españolas contemporáneas, 6) ISBN 9788484895046
* Historias representativas de las experiencias humanas y artísticas en torno a la emigración hispano-marroquí de la primera década del siglo XXI a través de una selección de autores de ambos países.

Chacel, Rosa: **Memorias de Leticia Valle. Edición de Carmen Morán.** 2010, 250 p. (Lecturas españolas contemporáneas, 5) ISBN 9788484894582
* Escrita en 1945 y galardonada con el Premio Castilla y León de las Letras, en esta novela Chacel desarrolla de forma magistral la capacidad de seducción de una adolescente en un pueblo de Castilla durante la década de 1920.